乡村振兴战略下大学生劳动教育研究

邵霞琳　著

中国原子能出版社

图书在版编目（CIP）数据

乡村振兴战略下大学生劳动教育研究 / 邵霞琳著.
北京 : 中国原子能出版社, 2024. 7. -- ISBN 978-7
-5221-3533-5

Ⅰ. G40-015

中国国家版本馆 CIP 数据核字第 2024W87V41 号

乡村振兴战略下大学生劳动教育研究

出版发行	中国原子能出版社（北京市海淀区阜成路 43 号　100048）
责任编辑	杨　青
责任印制	赵　明
印　　刷	北京金港印刷有限公司
经　　销	全国新华书店
开　　本	787 mm×1092 mm　1/16
印　　张	12.75
字　　数	189 千字
版　　次	2024 年 7 月第 1 版　2024 年 7 月第 1 次印刷
书　　号	ISBN 978-7-5221-3533-5　　　定　价　**72.00** 元

发行电话：**010-68452845**　　　　　　版权所有　侵权必究

前　言

　　党的十九大报告首次提出实施乡村振兴战略，为我国农村改革发展指明了方向。报告还确立了建设社会主义现代化强国的目标，我国经济发展由此转向高质量发展。这一历史性转变，为我国农业农村现代化进程奠定了坚实基础。党的二十大报告明确指出，我国社会主义现代化建设的重点和难点集中在农村地区。必须深刻把握这一核心问题，坚决贯彻城乡融合发展战略，将农业农村发展作为重中之重，确保城乡资源要素的顺畅流动。要持之以恒地强化乡村发展的薄弱环节，为全面推进社会主义现代化国家进程提供坚实支撑。鉴于我国农村发展所展现的多样性与差异性特征日益凸显，农村人口基数庞大，地域分布广泛。特别是随着城镇化和工业化步伐的加快，城乡发展失衡、传统文化日渐式微、生态环境质量下滑、农村社会治理难度加大及众多乡村的凋敝等现实问题，已然成为不容忽视的重要议题。我国农村地区面临着人民群众日益增长美好生活需求与当前发展不充分、不平衡之间的矛盾，在推进社会主义现代化强国的进程中，农村发展成为最大的短板和艰巨任务，然而，农村同样是我国实现现代化的巨大潜力和后劲所在，拥有着最深厚、最广泛的社会基础。因此，城乡关系重塑、乡村全面振兴就显得格外迫切。要深刻理解和推动乡村振兴，必须从我国农村发展的历史沿革、乡村振兴战略的理论探讨、乡村振兴的发展愿景与制度规划等维度来准确把握乡村振兴战略提出的背景和未来前景，进而清楚地认识乡村振兴这一伟大命题"从何处来""向何处行"，促进理论与实践较好结合，推动我国乡村全面振兴，实现经济高质量发展。

劳动作为人类文明的基石，不仅塑造了我们的历史，更铸就了现今世界的辉煌。它是我们幸福生活的源泉，是推动社会进步的强大动力。从远古的刀耕火种，到今日的信息化浪潮，尽管劳动形式在不断演变，但其创造美好生活的本质始终未变。然而，令人遗憾的是，近年来在部分大学生群体中，出现了一种不珍惜劳动成果、逃避劳动、缺乏劳动技能的倾向。这种现象反映出部分大学生对劳动价值的认识模糊，对劳动人民的尊重缺失。这不仅影响他们的个人成长，更对社会的发展造成了一定的阻碍。因此，加强劳动教育，引导大学生树立正确的劳动观念，已成为当前教育工作中亟待解决的问题。

2020 年 3 月 20 日，《关于全面加强新时代大中小学劳动教育的意见》（以下简称《意见》）指出，劳动教育是国民教育体系的重要内容，是学生成长的必要途径，具有树德、增智、强体、育美的综合育人价值。在乡村振兴背景下探讨大学生劳动教育，有利于大学生深入基层，切实为人民服务。

本书一共有五章，第一章为绪论，包括劳动和劳动教育概述、乡村振兴战略概述及劳动教育赋能乡村振兴的时代价值；第二章为大学生劳动教育发展历程，包括以实现人的思想改造为主的阶段、为全面适应现代化建设人才需要的阶段；第三章为大学生劳动教育模式，分别介绍了以学生为中心的劳动教育模式、"3＋X"劳动教育模式、创新创业教育与劳动教育融合模式及"三全育人"视域下的劳动教育模式；第四章为大学生劳动教育实践，包括生活劳动实践、生产劳动实践及服务性劳动实践；第五章为乡村振兴战略下大学生劳动教育的实践路径与保障体系。

在撰写本书的过程中，笔者得到了诸多专家、学者的帮助和指导，参考了大量的学术文献，在此表示感谢。本书内容全面，条理清晰，但由于笔者水平有限，书中难免会有疏漏之处，希望广大读者批评、指正。

目　录

第一章　绪　论

本章为绪论，内容包括劳动和劳动教育概述、乡村振兴战略概述及劳动教育赋能乡村振兴的时代价值。劳动是人类生存和发展的第一个基本条件，人类的历史就是生产劳动发展的历史，是劳动创造的历史。

第一节　劳动和劳动教育概述

一、劳动概述

（一）劳动概念的产生和发展

任何劳动都是在社会生产关系的特定框架内展开的，劳动不仅是物质生产的基础，更是人类本质精神面貌的集中展现。对劳动内容的探索经历了从现象到本质的认识过程，劳动概念的产生和发展过程也成为一个不断发展的理论探索过程。

在古希腊，"劳动"一词指的是营生和自然代谢的活动，劳动遭到轻视、蔑视，甚至是鄙视，劳动者只能沦为被自身劳动统治的对象。英国古典政治经济学创始人威廉·配第提出"劳动是财富之父，土地是财富之母"[①]，这

① 配第. 赋税论 [M]. 陈冬野, 译. 北京：商务印书馆, 1978.

1

种劳动的界定主要局限于个人的体力劳动范畴内。法国重农学派，以弗朗斯瓦·魁奈为代表，对财富的本质进行了深刻的剖析，认为一般劳动是财富的源泉。他们将抽象劳动概念提升为财富的普遍本质，这一观点具有重要的理论价值和实践意义。该学派对劳动的重视和尊重，为人们对财富的正确认识和合理利用提供了宝贵的指导。本杰明·富兰克林将劳动作为衡量价值的尺度，对抽象劳动提出了初步的见解。现代经济学主要创立者亚当·斯密非常重视劳动，认为劳动是一切活动中最重要的活动。他认为财富的普遍本质是劳动，劳动是"衡量一切商品交换价值的真实尺度"[①]。

5—17 世纪中叶的西欧封建社会时期，劳动的概念强调从事精神活动和体力劳动是上帝对人的旨意。德国古典哲学家黑格尔把劳动概念由经济学领域提升到了哲学领域，认为劳动是绝对精神在塑造世界时的外化，把劳动看作人的本质，是一种抽象的精神活动，他所承认的劳动也限于抽象的精神劳动。法国空想社会主义家傅立叶坚持认为，劳动是人类与生俱来的天性，他赋予劳动以崇高的地位，将其视为一种"天赋人权"，劳动不仅是满足物质需求的手段，更是一种精神层面的愉悦体验，其精神满足超越了日常娱乐活动。在傅立叶眼中，劳动所展现的魅力和吸引力，甚至超越了诸如看戏、跳舞等娱乐活动，成为一种更加深刻且持久的人生体验。

对于劳动的真正内涵和价值，马克思为人们提供了深入而准确的解读。

马克思提出"劳动首先是人与自然之间的过程，是人以自身的活动引起、调整和控制人和自然之间的物质变换的过程"[②]。马克思揭示了劳动的特点：劳动体现了人作为行为主体的能动性。劳动是一种服务于一定目的的社会现象，这一目的就是确定人对自然、对自己命运的支配，劳动是文明的真正基础和根源。充当人的劳动对象的，不仅有大自然本身，还有人用某种方式变更过的和人在劳动过程中改造过的自然，即"第二自然"。因此劳动成了人

---

① 斯密. 国民财富的性质和原因的研究 [M]. 郭大力，王亚南，译. 北京：商务印书馆，1972.

② 马克思，恩格斯. 马克思恩格斯全集：第 23 卷 [M]. 中共中央马克思恩格斯列宁斯大林著作编译局，译. 北京：人民出版社，1972.

类历史和个人的基础，成了文明的真正基础和根源。马克思最终得出结论：
"劳动作为使用价值的创造者，作为有用的劳动，是不以一切社会形式为转
移的人类生存条件，是人和自然之间的物质变换即人类生活得以实现的永恒
的自然必然性。"①

　　现阶段劳动的概念可以表述为"劳动是人们为了满足物质、精神文化需
要以及实现自身全面发展所进行的有目的的活动，是人能动地、创造性地利
用自然资源、社会资源和人类自身潜能与客观世界进行物质变换并创造精神
文化产品的过程。"②该论述蕴含了劳动的三大维度：首先，劳动的范畴不仅
局限于物质生产，还拓展至挖掘人的潜能、合理配置社会资源以及开发利用
自然资源等多个领域，这反映了劳动在社会生产生活中的广泛性和深入性；
随着生产力的不断进步和发展，劳动的复杂性和精细化程度将持续提升，其
概念的外延和内涵也将不断拓展和深化，劳动的具体形态亦将不断演变和升
级。其次，凸显人类劳动的创造性和主观能动性，这体现了人在劳动中的主
导地位和智慧力量。再次，劳动的目的不仅局限于物质生产，更扩展至实现
人的全面发展和满足社会的精神文化需求，这彰显了劳动在推动社会进步和
提升人民生活水平方面的重要作用。

（二）劳动的本质特征

　　第一，劳动是一种有目的的活动。人类在从事劳动活动时，总是秉持着
明确的目标或需求为导向。这些目标可能是出于满足个人发展的需求，也可
能是为了满足社会进步的需求。无论是哪一种需求，劳动都是为实现特定目
标而付出的努力。在劳动之前，人类会对劳动结果有所预见，根据这些预期
结果，精心制订实施计划并付诸实践。这充分表明，劳动不仅以预定目标为
导向，还伴随着对可能结果的前瞻性规划。同时，人类在劳动开始之前，会

---

① 马克思，恩格斯. 马克思恩格斯全集：第23卷 [M]. 中共中央马克思恩格斯列宁斯大林著作编译
局，译. 北京：人民出版社，1972.
② 邓先宏，傅军胜，毛立言. 对劳动和劳动价值理论几个问题的思考 [J]. 经济研究，2002（5）：3-12.

进行周密的计划，详细安排活动的步骤、方法和所需资源，确保劳动能够高效、有序地推进，最终达成既定目标。这种计划性不仅使劳动过程更加条理清晰，也大大提高了劳动效率。因此，劳动是一种具有明确目标导向、前瞻性预见和计划性执行的行为。

第二，劳动是一种客观的物质性活动。劳动与物质世界直接相关，并且在劳动过程中，人类通过劳动与物质世界进行了直接的互动和改造。劳动是通过人类对物质的直接操作和处理来改造和利用自然界的资源。例如，在农田里耕种作物、在工厂里生产产品、在建筑工地上搭建建筑物等，都是直接改造物质的活动。人类进行劳动所依赖的条件是客观存在的物质条件，包括土地、水资源、原材料、工具等。这些物质条件存在于人类周围的自然环境中，劳动的进行需要依靠这些物质条件。人类进行劳动的目的性源自对物质世界的客观认识。通过劳动，人类能够更好地认识和理解自然规律，从而更有效地利用和改造物质世界。劳动的结果往往是物质产品或服务，这些产品或服务直接满足了人类的物质需求，如食物、衣物、住房、交通工具等，这进一步体现了劳动的物质性。

第三，劳动具有能动性，人类在劳动过程中表现出了积极的态度和创造能力。人类不仅依靠自身的智慧和力量去改造自然，更能主动运用自然规律，借助自然之力，以科学的态度和方法，推动自然的改造进程。在劳动过程中，人们不仅是被动地执行任务，而是通过自身的意愿和行动积极参与其中，并尝试控制和影响劳动的进程和结果。人类运用自己的智慧和技能，灵活应对各种情况，以达到更好的效果。在劳动中，人类不断探索新的劳动方式和方法，寻求更高效的解决方案，以应对不断变化的环境和需求。由于环境和条件的多样性，劳动者需要具备适应性和灵活性，以应对各种挑战和变化。他们能够根据不同情况作出相应调整，调整工作方式、工具使用等，以更好地适应和应对劳动任务。劳动者会设定明确的目标，并通过自我激励和约束来不断推动自己朝着目标努力。这种目标导向的劳动态度使得劳动者能够克服困难，坚持不懈地追求更高的工作质量和效率。劳动过程是人类为实现既定目标，运用科学方法，积极投入体力和智力的综合性实践活动。

第四，劳动是社会性的活动。人类要实现对自然的改造，首要前提是在一定的关系框架内形成联合体，共同行动。人类的社会性最初就是在劳动过程中形成的。通过合作、分工，人类能够更有效地获得食物、制造工具、搭建住所等。这种合作劳动形式成为人类社会最基本的组织形式之一。人类在劳动中常常需要结成集体、共同合作才能完成更大规模、更复杂的工作。这种合作需要人与人之间的协调、沟通和互助。人类的劳动往往是为了共同的目标而展开的，劳动的成果也常常是共享的。通过劳动，人们建立各种社会关系。这些关系不仅是在劳动场所内部形成的，还延伸到社会的其他方面，劳动的社会性促进了人们之间的交流和互动。人类与动物之间的根本区别，在于人类具有高度的社会性。这是人类所独有的本质特征，也是人类区别于其他动物的重要标志。

（三）劳动的社会职能

作为人类特有的社会活动，劳动具有多方面的社会职能。

1. 创造社会财富

自然界为人类的生存提供了物质基础，但人类对自然界的依赖并不是直接的，而是以劳动作为中介。直接作为人类生存和发展的客观物质条件的是社会物质财富，而社会物质财富则是人类劳动的产物。社会物质财富虽然最初都是自然物，但经过人的劳动加工或改造之后已经改变了存在的形态，成了社会的产物，不再单纯是自然的产物。社会物质财富的创造必须具备自然物和人类劳动两个条件，人类借助生产工具，对自然物质进行加工和转化，进而创造社会物质财富。除了物质财富以外，社会财富的另一种形式是精神财富。社会精神财富也是在物质性生产劳动的基础上，通过精神性生产劳动创造出来的。

2. 推动社会发展

社会文明的基础是物质生产的发展水平，归根到底取决于人们的劳动方式，即战胜自然、获取生活资料的方式。人类学家 L.摩尔根在《古代社会》一书中，根据人们战胜自然、获取生活资料方式的差别，把人类社会划分为蒙昧时代、野蛮时代、文明时代。恩格斯指出："蒙昧时代是以采集现成的天然产物为主的时期，野蛮时代是学会经营畜牧业和农业的时期……文明时代是学会对天然产物进一步加工的时期，是真正的工业和艺术产生的时期。"①进入文明时代以后，社会的发展进步归根到底取决于人们战胜自然、获取生活资料的劳动方式的发展进步。正如马克思所说："手推磨产生的是封建主为首的社会，蒸汽磨产生的是工业资本家为首的社会。"②可见，正是人类的劳动不断地改造和完善着社会，推动着社会发展。

3. 满足人的需要

人作为一种动物，天然地有着自身的需要，在这一点上人和其他动物是相同的，但动物的需要是出自本性，仅以维持生命的延续为限度，长久地停留在一个大致不变的水平上，人的需要则内容广泛且不断增加。人的发展需要是人所特有的，是人区别于动物的根本标志之一。对于人类的生活来说，劳动不但创造着满足需要的社会财富，而且创造着需要本身以及满足需要的方式。马克思指出："用刀叉吃熟肉来解除的饥饿不同于用手、指甲和牙齿啃生肉来解除的饥饿。因此，不仅消费的对象，而且消费的方式……都是生产所生产的。"③可以说，劳动创造了人，也改造和完善了人，满足了人的生存需要和发展需要。人类的历史就是人类通过自身的劳动而诞生和不断自我完善的历史。劳动的社会职能决定了它是人类各种活动中最重要的活动，它不仅改造着自然界，还改造着人和社会。

---

① 马克思，恩格斯. 马克思恩格斯选集：第 4 卷 [M]. 中共中央马克思恩格斯列宁斯大林著作编译局，译. 北京：人民出版社，1972.

② 马克思，恩格斯. 马克思恩格斯选集：第 1 卷 [M]. 中共中央马克思恩格斯列宁斯大林著作编译局，译. 北京：人民出版社，1995.

③ 马克思，恩格斯. 马克思恩格斯选集：第 2 卷 [M]. 中共中央马克思恩格斯列宁斯大林著作编译局，译. 北京：人民出版社，1995.

（四）劳动的分类

劳动的分类对于我们全面认识劳动、有效组织劳动、充分发挥劳动的社会职能，具有重要的作用。

1. 体力劳动和脑力劳动

按照劳动力支出的特性划分，劳动可以分为体力劳动和脑力劳动。体力劳动是劳动者以运动系统为主要运动器官的劳动，脑力劳动是劳动者以大脑神经系统为主要运动器官的劳动，运用知识、经验创造新知、处理问题的脑力劳动称为智力劳动。脑力劳动在源头上决定着体力劳动，因为只有在头脑中决定了劳动的目的、方法和对象，体力劳动才成为必要。脑力劳动是劳动的创造阶段和决定阶段，是创造性劳动，居于主导地位，体力劳动是生产性劳动，居于被支配地位。在人类历史发展的初期阶段，体力劳动与脑力劳动是紧密结合、相辅相成的。然而，随着社会生产力的不断发展和分工的逐步深化，两者逐渐分离，形成了专门从事体力劳动和专门从事脑力劳动的社会群体。体力劳动和脑力劳动的分离只是一种历史现象，最初二者没有分化，将来二者还要结合。不能孤立地去理解体力劳动和脑力劳动，重视体力劳动轻视脑力劳动或者重视脑力劳动轻视体力劳动都是不正确的。

2. 简单劳动和复杂劳动

根据同等劳动时间内形成的价值量的差别，劳动可以分为简单劳动和复杂劳动。简单劳动是指不需要经过专门训练和培养的一般劳动者都能从事的劳动。复杂劳动是指需要经过专门训练和培养，具有一定文化知识和技术专长的劳动者所从事的劳动。简单劳动和复杂劳动在同样的时间里，创造的价值是不同的。在相同的劳动时间里，复杂劳动创造的价值大于简单劳动创造的价值，原因是从事复杂劳动的劳动力需要花费更多的劳动才能被生产和再生产出来，是一种较高级的劳动力。简单劳动和复杂劳动的区分是个动态的历史范畴，是根据不同国家、不同地区、不同生产力发展水平和不同历史时期来区分的。无论是简单劳动还是复杂劳动，都应该得到承认和尊重。

3. 具体劳动和抽象劳动

古典经济学家如亚当·斯密和大卫·李嘉图等人早已提出了劳动创造价值的基本概念。然而，马克思在此基础上进行了更深入的分析，他将劳动划分为具体劳动和抽象劳动两种形式。这一划分不仅深化了我们对劳动的理解，还为我们揭示了商品经济中的深层规律。具体劳动是指那些为了满足特定需要而进行的、具有特定性质和形式的劳动。这种劳动的直接目的是生产具有不同使用价值的商品。具体劳动的性质和形式由生产的目的、操作方式、劳动对象、手段和结果所决定。例如，农民种植小麦的具体劳动与工匠制作家具的具体劳动在性质上是不同的，因为它们的目的、手段和结果都是不同的。具体劳动直接体现了人与自然之间的关系，它是为了满足人的物质和文化需要而与自然界进行的斗争。而抽象劳动则是指撇开劳动的具体形式，凝结在商品中的无差别的一般人类劳动。抽象劳动是商品经济中的一个重要概念，因为它决定了商品的价值。无论是农民种植的小麦还是工匠制作的家具，它们所包含的抽象劳动都是相同的，即都是一般人类劳动的体现。抽象劳动反映了人与人之间的社会关系，特别是生产关系。在商品交换中，抽象劳动是价值的唯一来源，是商品交换的基础。具体劳动和抽象劳动虽然是同一劳动的两个方面，但它们又是相互依存、互为条件的。具体劳动创造了商品的使用价值，而抽象劳动则形成了商品的价值。没有具体劳动，商品的使用价值就无法实现；没有抽象劳动，商品的价值就无法确定。在商品生产过程中，具体劳动和抽象劳动是同时存在的，它们在时间、空间上都是不可分割的。

4. 生产性劳动、服务性劳动和公益性劳动

劳动，作为人类社会的基本活动，其内涵与外延都极为丰富。根据不同的分类标准，劳动可以被划分为不同的类型。其中，根据劳动对象的不同，劳动可以分为生产性劳动、服务性劳动和公益性劳动。这三种劳动形式各具特色，共同构成了人类社会的劳动体系。首先，生产性劳动是人类社会最基本的实践活动，它直接涉及物质资料的生产。这种劳动形式中，劳动者运用各种生产工具作用于劳动对象，从而生产出满足人们日常生活需要的物质产

品。这一过程不仅实现了人和自然界之间物质和能量的变换，更是人类社会发展的基石。从远古时代的狩猎采集，到现代社会的工业化生产，生产性劳动始终是推动社会进步的重要力量。其次，服务性劳动在第三产业中占据重要地位。随着生产力和商品经济的发展，人们对服务的需求日益增长，服务性劳动在国民经济中的比例也相应提高。这种劳动形式涵盖了服务业、旅游业、饮食业、医疗保健、娱乐业等多个领域，其最大特点就是为人们的生活和生产提供便利的条件和舒适的环境。服务性劳动不仅满足了人们的多样化需求，更在一定程度上推动了社会分工的细化和社会经济的发展。最后，公益性劳动则是为了社会整体的公共利益而进行的，它以服务他人为宗旨，不计报酬，具有义务性。这种劳动形式通常涉及环境保护、社区服务、慈善救助等领域，对于提升社会整体福祉水平和促进社会和谐具有重要意义。公益性劳动不仅体现了个人对社会的责任和贡献，更在一定程度上促进了社会公平和正义的实现。

二、劳动教育概述

劳动是推动人类社会进步的根本力量，是财富的源泉，也是幸福的源泉。

（一）劳动教育的概念及内涵

《新时期新名词大辞典》定义劳动教育："培养学生树立正确的劳动观点和劳动态度，热爱劳动和劳动人民，掌握一定的劳动知识和技能，养成热爱劳动习惯的教育。"[1]劳动教育也可以定义为"以促进学生形成劳动价值观（即确立正确的劳动观点、积极的劳动态度，热爱劳动和劳动人民等）和养成良好劳动素养（形成劳动习惯、有一定劳动知识与技能、有能力开展创造性劳动等）为目的的教育活动"[2]。

---

[1] 马国泉，张品兴，高聚成. 新时期新名词大辞典［M］. 北京：中国广播电视出版社，1992.

[2] 檀传宝. 劳动教育的概念理解——如何认识劳动教育概念的基本内涵与基本特征［J］. 中国教育学刊，2019（2）：82-84.

劳动教育在内涵上包括劳动素养和劳动价值观两个方面。在劳动素质培育方面，劳动教育肩负着塑造学生良好劳动习惯的重要使命，使他们能够深刻认识到通过自己的辛勤劳动获得的成果所蕴含的尊严和价值。同时，劳动教育为学生提供必要的劳动知识与技能，激发其创新劳动潜能。在劳动价值观方面，劳动教育帮助学生理解劳动的意义和价值，培养他们对劳动过程的尊重和热爱。通过参与劳动，学生可以体验到劳动的成果和价值，从而建立起对劳动积极的态度。劳动教育教育学生尊重劳动人民的价值，认识到劳动者对社会发展和进步所作出的贡献，有助于学生树立正确的社会价值观。劳动教育应该通过实践活动培养学生的积极劳动精神并帮助学生确立正确的劳动观点和态度，包括尊重劳动、珍惜劳动成果、乐于劳动等。

（二）劳动教育的基本特征

劳动具有显著的实践性、突出的社会性、鲜明的思想性三个基本特征。

劳动教育具备显著的实践性特征，必须紧密贴合现实生活与职业实践要求，引导学生通过动手实践的方式，在深入认识世界的基础上，掌握劳动技能，塑造自我品格，积极投身社会实践，从而获取正面的价值体验。这一过程旨在达成育美、强体、增智、树德的全面教育目标。同时，劳动教育作为实施全面发展教育方针的重要环节，具备普通教育的共性特征。

劳动教育具备突出的社会性特征。劳动教育的社会性凸显在加强学校教育与生产实践、社会生活的直接联系上。劳动教育的重点是培养学生分工合作的能力，以劳动作为个人与社会之间的纽带，使其感知社会主义社会中的和谐与平等的新型劳动关系。同时，引导学生认知社会，强化其社会责任感。

劳动教育具有鲜明的思想性特征。其核心在于深入贯彻落实马克思主义劳动观，积极倡导诚实劳动、创造性劳动，以劳动创造美好生活、实现人生梦想为价值取向。劳动教育强调劳动者是国家的主人翁，劳动是财富的源泉、价值的尺度，要大力弘扬劳动精神，尊重劳动、尊重劳动者，鼓励全体人民积极投身劳动实践，为实现中华民族伟大复兴的中国梦贡献力量。同时，坚决反对贪图享乐、崇尚暴富、不劳而获等错误劳动价值观，树立正确的劳动观念，营造崇尚劳动、尊重劳动者的良好社会氛围。

（三）劳动教育的内容

劳动教育的内容主要包括日常生活劳动、生产劳动和服务性劳动中的知识、技能与价值观教育。

1. 日常生活劳动教育

日常生活劳动教育旨在培养学生的劳动技能和独立生活能力，强调自理能力和卫生习惯的养成。通过引导学生处理个人事务，树立其自立自强的生活态度。同时，结合校园爱国卫生运动，激发学生的劳动价值感，深化其自立意识。这是学生适应社会生活和健康成长的基石，加强学生劳动自立意识的培养，能够为学生全面发展提供支撑。

2. 生产劳动教育

生产劳动作为人类社会生存与发展的基石，是一项至关重要的实践活动。它不仅是物质财富的源泉，更是培育人才、提升国家竞争力的关键。生产劳动教育是培养学生综合素质和社会责任感的重要途径。在生产劳动教育中，学生通过亲身参与工农业生产的全过程，能够直接体验物质财富的创造过程，深刻理解劳动的价值和意义。他们在实践中能够感受平凡劳动中的伟大，掌握相关技能，增强产品质量意识，为成为合格的社会主义建设者和接班人打下坚实基础。

3. 服务性劳动教育

服务性劳动教育在培养学生公共服务意识方面发挥着关键作用。通过参与志愿服务和公益劳动，学生不仅能够增强自身的社会责任感，还能在面对如灾害和疫情等危机时展现出无私的奉献精神。此外，服务性劳动教育还为学生提供了宝贵的实习和见习机会，使他们在服务性岗位上能够将所学知识和技能应用于实际，为社会和他人提供切实有效的服务。这样的实践经历不仅有助于提升学生的服务技能，还能进一步坚定他们的服务意识。

（四）劳动教育的独特价值

1. 树德价值

品德修养是一个人立身的基石、成才的关键，而劳动教育则是落实"立德树人"教育理念的重要渠道。学生通过亲身参与劳动，能深刻理解劳动对于社会进步的推动作用，形成尊重、推崇和理解劳动的正确观念，认识到劳动创造一切的价值，尊重所有劳动者的辛勤付出。此外，劳动教育还能在实践中锤炼学生的意志，塑造其坚韧不拔的品格，培育其为实现中华民族伟大复兴而努力奋斗的崇高信念，并帮助他们养成良好的劳动习惯。

2. 增智价值

劳动是由人的主观意图、思想认识和掌握工具共同进行社会实践的过程，是智力和体力的结合，要想熟练掌握一项劳动技能，必须手脑并用。人在劳动中，大脑指挥手作出各种各样的动作，劳动过程中的不断试错和纠错则促进了大脑的思考，从而促进了智力的不断发展。离开劳动，不可能有真正的教育。劳动教育可以使学生在劳动中将课本上学到的知识用于实践，深化理论知识，更加深入地了解事物的本质，知行合一，进一步提高认知能力和探索能力，促进智力发展，实现以劳增智。

3. 强体价值

劳动是最好的体育锻炼。适当的体力劳动，不仅可以锻炼人的肌肉和骨骼，促进健康发育，还能增加肺活量，改善呼吸系统，促进新陈代谢，优化生理机能，使人充满活力。劳动教育让学生在亲身体验中使身体各方面机能得到充分锻炼和发展，起到强身健体的作用。另外，劳动教育对学生的心理健康有促进作用，劳动可以调节大脑活动，促进学生脑部神经系统的发展，有利于缓解繁重学习带来的压力。

4. 育美价值

劳动不仅创造美好生活，还创造美。人类的审美感受产生于劳动，因为人类的劳动是一种合目的与合规律的审美活动，是最能体现人的本质和审美精神的实践活动。劳动创造了美的观点，科学揭示了美的根源在于劳动。劳动教育是学生审美教育的重要载体，可以促进人对本性、自由及审美的追求，实现以劳育美。学生在劳动教育中可以深刻认识和理解劳动之美，激发创新创造潜能，不断增强创造美和欣赏美的能力，提升精神品位和文明素养，主动追求更有高度、更有境界、更有品位的美好人生。

劳动教育除了具有树德、增智、强体、育美的综合育人价值外，还可以与德育、智育、体育、美育互相融合，形成"五育"并举的格局，"五育"融合共同促进学生的全面发展。从最根本的意义上说，没有劳动，没有劳动教育，其他教育都无从谈起。深刻理解和把握劳动教育的独特价值，对深入实施劳动教育、促进学生全面发展意义重大。

第二节 乡村振兴战略概述

一、乡村振兴的提出

乡村振兴战略关系到国家未来发展的大局，是实现国家的长远目标和全国人民共同富裕的关键之一。

第一，乡村振兴战略初步提出阶段。在这一阶段，我国首次提出乡村振兴战略。乡村振兴战略是党的十九大报告作出的重大战略决策，并被写入党章，为新时代农业农村改革发展指明了方向、明确了重点。党的十九大报告指出，农村发展是我国迈向现代化的关键。乡村振兴，关键是产业要振兴。要鼓励和扶持农民群众立足本地资源发展特色农业、乡村旅游、庭院经济，多渠道增加农民收入。2018年2月，《关于实施乡村振兴战略的意见》出台，对乡村振兴战略作了更全面的谋划。9月，《乡村振兴战略规划（2018—2022年）》印发，提出乡村治理能力进一步提升，到2022年实现特色现代乡村治理体系初步构建。

第二，乡村振兴战略框架初步搭建阶段，我国明确将解决"三农"问题置于国家发展的核心地位。2019 年，我国发布了《关于农业农村优先发展与"三农"工作的意见》，其中明确提出要深化供给侧结构性改革，全面推进乡村振兴，以确保 2020 年农村改革的目标任务能够圆满完成。2020 年 7 月，农业农村部印发《全国乡村产业发展规划（2020—2025 年）》对乡村产业振兴、人才振兴提出了具体任务要求。

要把乡村振兴战略这篇大文章做好，必须走城乡融合发展之路，要以改革为动力，深化户籍制度改革，强化常住人口基本公共服务，维护进城落户农民的土地承包权、宅基地使用权、集体收益分配权，加快农业转移人口市民化。乡村振兴框架的搭建，有助于健全多元投入保障机制，增加对农业农村基础设施建设投入，建立健全城乡基本公共服务均等化的体制机制，推动公共服务向农村延伸、社会事业向农村覆盖，加快城乡基础设施互联互通，推动人才、土地、资本等要素在城乡间双向流动，加快建立健全城乡融合发展体制机制和政策体系。

第三，乡村振兴的制度体系初步形成阶段。自乡村振兴战略启动落实后，该战略的要求逐渐明确。2021 年 2 月，《关于全面推进乡村振兴加快农业农村现代化的意见》发布，提出举全党全社会之力加快农业农村现代化，让广大农民过上更加美好的生活。4 月，《中华人民共和国乡村振兴促进法》由中华人民共和国第十三届全国人民代表大会常务委员会第二十八次会议通过，旨在推进农业、农村、农民全面发展。5 月，中共中央办公厅印发《关于向重点乡村持续选派驻村第一书记和工作队的意见》为乡村振兴提供组织保障和干部支持。6 月，《中华人民共和国乡村振兴促进法》正式实施，其把党和国家支持与促进乡村振兴的各项决策部署及行之有效的政策举措、基层实践创造的好做法、好经验上升为法律规范，为全面推进乡村振兴提供强有力的支持。

我国乡村振兴战略分三步走：2020 年前制定制度框架和政策体系；2035 年前实现农业农村现代化；2050 年前实现全面振兴。中共中央、国务院于

2020 年 12 月 16 日提出过渡期措施,以确保脱贫地区顺利过渡到乡村振兴阶段。我国未来两三年的工作重心或主要方向在于巩固拓展脱贫攻坚成果,守住防范系统性返贫的底线,为实现乡村振兴的第二步奠定坚实的基础。我国中央出台的乡村振兴有关政策文件如表 1-2-1 所示。

表 1-2-1 我国中央出台的乡村振兴有关政策文件

序号	发布时间	文件名称	发布单位
1	2018 年 2 月	《关于实施乡村振兴战略的意见》	中共中央、国务院
2	2018 年 9 月	《乡村振兴战略规划（2018—2022 年）》	中共中央、国务院
3	2019 年 1 月	《关于坚持农业农村优先发展做好"三农"工作的若干意见》	中共中央、国务院
4	2020 年 7 月	《全国乡村产业发展规划（2020—2025 年）》	农业农村部
5	2021 年 2 月	《关于全面推进乡村振兴加快农业农村现代化的意见》	中共中央、国务院
6	2021 年 4 月	《中华人民共和国乡村振兴促进法》	全国人民代表大会常务委员会
7	2021 年 5 月	《关于向重点乡村持续选派驻村第一书记和工作队的意见》	中共中央办公厅
8	2022 年 2 月	《关于做好 2022 年全面推进乡村振兴重点工作的意见》	中共中央、国务院
9	2023 年 7 月	《乡村振兴标准化行动方案》	农业农村部

二、乡村振兴的战略意义

（一）乡村振兴推动共同富裕

在党的十九届五中全会上,中共中央首次提出把"全体人民共同富裕取得更为明显的实质性进展"纳入《中华人民共和国国民经济和社会发展第十四个五年规划和 2035 年远景目标纲要》。2021 年 8 月 17 日,中央财经委员会第十次会议提出了研究扎实促进共同富裕的问题。在研究制定经济政策的中央财经委员会会议上提出了共同富裕的长期政策框架,这意味着在新发展阶段,党中央把"共同富裕"摆在更加重要的位置,围绕"共同富裕"的改革将是未来长期政策框架。

我国在"效率优先"的快速发展下积累了大量的财富,但在新发展阶段要在增量发展中侧重财富分配的平衡，在"效率优先"的前提下，加大"兼顾公平"的力度。同时，我们也要认识到，推进共同富裕是一项具备长期性、艰巨性、复杂性的任务，要尽力而为、量力而行、循序渐进，政策的落实需因地制宜探索有效路径，总结经验，逐步推开。

乡村振兴和共同富裕之间存在着密切的内在联系，这两者在发展方向、推进逻辑以及理念上都呈现出一致性。乡村振兴的核心是解放和发展农村生产力，同时关注满足人民日益增长的美好生活需求。这意味着需要建立更加富裕的农村社会，激发农村的内在活力，推动农村产业和经济蓬勃发展。同时，也需要改善农民生活条件，提升农村公共服务水平，确保农民享有平等的发展机会和基本的民生保障。这样的发展模式旨在实现全面小康社会目标，促进乡村和城市间的协调发展，推动全国经济持续健康发展。乡村振兴与共同富裕的战略目标高度契合，乡村振兴战略的深入实施对于缩小农民与市民的收入差距、弥合乡村与城镇的发展鸿沟具有显著成效。在推动乡村振兴与共同富裕的进程中，共享发展理念始终占据核心地位，为两大战略提供了重要的价值指引。乡村振兴与共同富裕共同致力于构建全体人民共同富裕的社会格局，通过先富带动后富的方式，逐步推动社会整体走向富裕，为全面建设社会主义现代化国家奠定坚实基础。中国地域辽阔，各地区自然条件、资源禀赋和发展基础各异，因此实现共同富裕不可能一蹴而就，而需要长期坚持和不懈努力。同时，乡村振兴作为实现共同富裕的重要途径之一，也需要根据不同地区的实际情况和特点，因地制宜、分类施策。尽管各地在推进乡村振兴和共同富裕的过程中存在差异，但这种差异恰恰体现了推进逻辑的一致性和相互促进的关系。因此，乡村振兴与共同富裕之间存在紧密的耦合性，需要在实践中加强协调配合，共同推进。

（二）乡村振兴实践"两个结合"

中国共产党自成立以来，一直秉持着将马克思主义基本原理同中华优秀传统文化相结合、同中国具体实际相结合的理念，这种"两个结合"的策略，正是中国共产党能够创造百年辉煌的关键密码。马克思主义理论为中国共产党提供了科学的世界观和方法论，指导着党的各项工作。中华优秀传统文化作为中华民族的精神财富，为马克思主义在中国的发展提供了丰富的土壤和养分。通过将马克思主义基本原理与中华优秀传统文化相结合，中国共产党成功地将马克思主义中国化，形成了具有中国特色的社会主义理论体系。乡村振兴战略的提出和实施，正是中国共产党将马克思主义基本原理同中华优秀传统文化相结合、同中国乡村发展具体实际相结合的生动实践。乡村振兴战略实施过程中，中国共产党挖掘和传承乡村地区的中华优秀传统文化，推动其创造性转化和创新性发展。同时，中国共产党也坚持将马克思主义基本原理运用于乡村振兴的具体实践中，指导乡村地区的改革和发展。实施乡村振兴战略，对于促进马克思主义基本原理与中华优秀传统文化、中国乡村发展实际相融合，具有不可替代的作用和地位。

在中华民族伟大复兴的征程中，走中国特色乡村振兴道路不仅是一条充满希望的路径，更是为推动"两个结合"创造了广阔的空间。这一道路不仅承载了深厚的历史文化底蕴，也体现了中国共产党在新时代的理论创新和实践智慧。乡村作为中华文明的发源地，承载着农耕文明的悠久历史和深厚底蕴。乡村文化是中华文明的基本载体，它传承了数千年农耕文明的智慧和精髓。在乡村振兴的过程中，促进乡村文化繁荣发展成为其不可或缺的重要环节。这一过程的核心在于传承和发展中华优秀传统文化，这既是对历史的尊重，也是对未来的期许。通过将马克思主义基本原理与中华优秀传统文化相结合，我们不仅能够更好地理解和传承中华文化的精髓，也能够为马克思主义理论注入新的生机和活力。

在新时代的征程中，乡村振兴战略不仅是国家发展的重大战略，也是马克思主义基本原理与中华优秀传统文化相结合的实践。这一战略不仅体现了对马克思主义理论的深刻理解和应用，更在实践中传承和发展了中华优秀传统文化，为"两个结合"提供了坚实的实践基础。"两个结合"并非空中楼阁，它根植于中国的土壤，尤其是广大乡村的沃土之中。中国乡村地区的社会生产力相较于城市仍有较大差距，农民群众的生活水平仍有待提高。在这样的背景下，乡村振兴战略应运而生。乡村振兴战略的实施，是对马克思主义关于社会主义建设的理论的具体应用。它坚持以人民为中心的发展思想，通过深化改革，优化资源配置，激发乡村社会的创造力和活力。同时，这一战略也充分考虑到乡村社会的独特性，尊重农民的主体地位，发挥他们在乡村振兴中的主体作用。回顾改革开放之初，我国实行的家庭联产承包责任制，就是一个将马克思主义基本原理与中国发展具体实际、中华优秀传统文化相结合的成功范例。这一制度既保留了家庭作为生产单位的传统，又兼顾了土地的社会主义所有制，从而极大地激发了农民的生产积极性，推动了农村经济的快速发展。

乡村振兴是实现全体人民共同富裕的必由之路，是推动"两个结合"的有效载体。乡村振兴不仅是经济发展的重要战略，更是推动社会全面进步、实现共同富裕的关键一环。共同富裕作为社会主义的本质要求，不仅是经济发展的目标，更是社会进步的标志。中华民族数千年来，从未放弃对实现共同富裕的美好追求。马克思主义科学理论，作为解放全人类、实现共产主义社会的科学学说，其核心理念在于追求公平与正义，实现全体人民的共同富裕。目前，我国的发展呈现出不平衡和不充分的特征，其中最为明显和困难的部分集中在农村地区，农村是实现国家共同富裕的核心环节。因此，我们必须全力以赴推动乡村的振兴与发展，这不仅是处理"三农"问题的核心任务，而且是实现共同富裕的必然路径。乡村振兴，以实现全体人民共同富裕为目标，既坚守了马克思主义为人民利益奋斗终身的价值理念，也延续了中华优秀传统文化中仁政爱民的价值追求。高质量乡村振兴是实现全体人民共同富裕的必由之路，乡村振兴是推动"两个结合"的必然选择。

（三）乡村振兴促进全面发展

党的二十大报告指出全面建设社会主义现代化国家，最艰巨、最繁重的任务仍然在农村，要把握"人"作为乡村振兴的主体作用，将乡村振兴与"美好环境与幸福生活共同缔造"有机结合，引导人民共同建设乡村，走出一条中国特色社会主义乡村振兴道路，使农业农村现代化迈上新台阶。

实施乡村振兴战略，是我国农业农村发展的重大战略，对于提升农业综合生产能力、保障国家粮食安全、促进农民持续增收具有重要意义。其中，种业创新作为农业科技创新的核心问题，更是乡村振兴战略中的关键一环。我国种业自主创新与发达国家相比还存在较大差距，我国部分农作物品种的单产水平仍有提升空间，商业化育种体系仍需完善，核心技术原创性不足。这些问题制约了我国种业发展，对提升农业整体竞争力造成了不良影响。乡村振兴战略实施以来，我国政府高度重视农业种业创新，将其作为推动农业现代化、实现乡村全面振兴的重要支撑。为进一步提升我国种业的核心竞争力，保障国家粮种安全，通过采取一系列有力措施，包括政策扶持、科技创新和资金投入等，确保我国农业种业的可持续发展，将中国人的饭碗牢牢端在自己手中。

实施乡村振兴战略有助于解决城乡发展不平衡问题。为增加农民收入，乡村振兴战略以产业融合为目标，扩大农业产业链和价值链，提升农业生产效率，缩小工农收入差距。乡村振兴战略通过推动乡村建设和县域内融合，提升农民获得感和幸福感。乡村振兴战略以社会主义核心价值观为引领，培育文明乡风、良好家风和淳朴民风，建设文明乡村。

实施乡村振兴战略对于推动农村现代化具有显著的促进作用。高质量乡村振兴不仅能够加速农业和农村的现代化进程，还有助于确保农业、农村在国家发展中的基础地位，在开展新局面和应对各种挑战中持续发挥着重要的支撑作用。乡村振兴战略的实施不仅在硬件和软件层面全面提升了农村的现代化水平，同时也强化了县城的综合服务能力，使其成为国内经济发展的新动力。通过技术、资金、人才等方面的支持，农村产业结构不断优化，农产品质量和产量得到提升，农村基础设施和公共服务水平得到显著提升，为实现乡村全面振兴奠定了坚实基础。农村始终扮演着国家发展中不可或缺的角色，作为国家发展的"蓄水池"和"稳定器"，为进城务工农民提供了重要的生活保障。推动小农户与现代农业有效衔接是深化农村改革的重点，农村电商、特色产业等新型农村产业业态的发展，一方面促进农民增收，确保农民收入稳步提高，城乡收入差距进一步缩小；另一方面促进农户扩大经营规模，发展为家庭农场等现代经营主体，实现农业生产结构、布局等方面的优化调整，从而巩固脱贫攻坚成果。

实施乡村振兴战略有利于保护中华优秀传统文化。农村是乡土文化的载体，也是中华文化的发源地，乡土文化的繁荣发展是弘扬中华优秀传统文化的基本内核。实施乡村振兴战略，通过不断健全农村公共文化服务体系、增加公共文化产品和服务供给，为农村"引人气""聚人才"，在丰富乡村文化生活的同时发挥农村这一乡土文化载体的重要作用，推动保护利用乡村传统文化，以达到建设生态宜居的美丽乡村，重塑乡村文化生态的效果。

乡村振兴战略是一项全面而系统的振兴计划，涵盖了产业、人才、文化、生态和组织等多个领域。其核心目的在于推动乡村生态宜居、产业兴旺、治理有效、乡风文明及居民生活富裕。该战略在国家发展中具有核心和关键地位，是国家全局性、长远性和前瞻性的重大战略布局。实施乡村振兴战略对于促进国家整体发展的均衡性具有重要意义，同时有助于消除城乡差异，解决乡村发展不平衡不充分的问题，推动城乡统筹、农业一体化的可持续发展。

三、乡村振兴理论基础

（一）马克思主义关于农村的论述

作为工业革命的起源地，欧洲农业社会在经济社会变革中首当其冲，经历了工业对农业生存空间的挤占、自然资源被掠夺及生态环境被破坏等问题。马克思、恩格斯基于这一时期农村贫困、城乡对立的局面，提出了生产力发展不足的结果是导致城乡分离，只有在生产力发展到一定程度时才能促进两者融合这一论断。马克思、恩格斯指出，工业社会聚集了人口，促进了城市的发展，客观上促进了文明程度的提高，这种新的生活方式对于乡村原有的分散式、单一式、闭塞式的生活是一大提升。此外，经过农业技术发展，新的农业模式解放了农村劳动力，产生了乡村工业化，从而促进了农民收入的提高，减少了城乡二元差异，因此马克思、恩格斯提出了工农联盟、农业合作化的理念。

（二）新中国成立后农村建设理论

新中国成立初期，我国本着促进经济恢复和推进农村改造的目的，提出实行改造小农经济，发展社会主义农业合作制经济和农村机械化，重点推进生产关系改造，通过走农业合作社的道路为农村引进新的生产方式和技术，以实现农村生产力发展。在集体化制度理论指导下，我国农村在新中国成立初期实现了农村生产力的快速恢复，有力地支持了我国工业体系建设。

（三）改革开放以来农村建设理论

在改革开放初期阶段，为了消除计划经济体制所带来的种种弊端，我国作出了在农村地区推行家庭联产承包责任制的重大决策。这一制度的实施，极大地激发了广大农民群众的生产热情和积极性，有力地推动了农村生产力的解放和发展。与此同时，我国提出发展多种经营和乡镇企业，通过发展农村产业，初步构建农村产业体系，形成农村自我"造血"的初步能力以缩小城乡发展差距。党的十五届三中全会提出，建设富裕的新农村，从传统的救济式扶贫向开发式扶贫转变。进入 21 世纪后，中央制定了"多予、少取、放活"的农村工作方针，提出"以工促农、以城带乡"的发展目标。

（四）新时期乡村建设理论

十九大报告指出我国社会的主要矛盾已有所变化。当前，我国社会的主要矛盾是人民对更美好生活的迫切需求与当前发展不平衡、不充分之间的矛盾。其中，农村发展的滞后性、低质量及后续动力的不足，是这一矛盾的重要体现。具体表现为，农村的发展质量普遍低于城市水平，其发展速度与城市相比存在明显的滞后，且其后续发展动力相较于城市显得更为薄弱。这种城乡发展的不平衡和不充分，已成为制约我国全面、协调、可持续发展的关键因素。因此，必须深入理解和把握这一社会主要矛盾，加大对农村发展的关注和支持力度，推动农村与城市在速度、质量和动力上的协调发展，为实现中华民族伟大复兴的中国梦奠定坚实基础。

党的二十大报告对"全面推进乡村振兴"提出了明确要求，并着重指出了"建设宜居宜业和美乡村"的重要性。这是党中央在新时代推动乡村全面振兴的重大举措，为新时代新征程全面推进乡村振兴、加快农业农村现代化指明了方向，彰显了党对正确处理工农城乡关系的坚定决心。

（五）人才流动理论

人才在乡村振兴的各个环节中扮演着至关重要的角色。乡村振兴的全面推进，离不开人才的积极参与和创新引领。有学者研究发现，乡土人才是实现乡村振兴战略转型的核心力量。他们不仅是城乡融合发展的宝贵文化资本，更是乡村振兴实现的重要基石。乡土人才承载着中国生态文明建设的传统文化基因，具有不可替代的作用。因此，要高度重视乡土人才的发掘和培养，将其作为乡村振兴战略的重要支撑。通过加强乡土人才的引进和培养，推动乡村振兴战略向更高层次发展，为实现农业农村现代化贡献力量。有学者指出，为了实现乡村振兴的伟大目标，积极推进人才强农战略成为不可或缺的重要手段。人才作为科技兴农的核心力量，其在推动农业现代化、提升农业生产效率等方面具有至关重要的作用。同时，人才也是乡村振兴的基础保障，他们能够为农村地区带来先进的知识、技术和理念，促进农村经济社会的全面发展。经学者研究指出，乡村振兴之根本在于人才的振兴。为推动乡村人才的全面进步，必须构建一个有利于人才成长与发展的优质环境。通过人才振兴来推动乡村振兴，乡村人才队伍在其中扮演着举足轻重的角色。为确保乡村人才队伍的稳定增长和持续发展，我们必须给予充分的重视和支持。有学者提出，确立新时代乡村人才发展战略构想的关键在于树立乡村人才的整体发展观，积极探索乡村人才成长的新模式。这一战略构想不仅是乡村振兴战略的重要动力源，更是其关键所在。在推进乡村振兴战略的过程中，人才始终是最为关键和核心的要素。只有实现人才的振兴，才能为乡村振兴的发展奠定坚实的人才基础，进而依靠人才带动乡村资源的全面发展和提升。因此，我们应当高度重视乡村人才的培养和发展，为乡村振兴注入新的活力和动力。

乡村振兴的发展在很大程度上依赖于人才的支撑和推动，这种推动作用的实现主要依赖于人力资本水平的提升。根据人力资本理论的观点，教育投资是提升人力资本水平的关键手段。农村教育与乡村振兴紧密相连。通过推动农村教育的持续进步，提高农村人口的人力资本质量，进而为乡村振兴注入强劲动力，已成为社会各界的广泛共识。通过对我国改革开放以来农村职业教育的发展历程进行系统性回顾，并结合对其演进逻辑的深入分析以及对未来的前瞻性展望，有学者认为，农村职业教育的振兴是落实乡村振兴战略"20字方针"的核心所在。农村职业教育因其特有的价值取向和功能定位，能够紧密契合乡村振兴战略中各个要素和各个层面的需求，成为推动乡村振兴战略实施不可或缺的逻辑纽带和坚实基石。

针对我国涉农人才培养过程中存在的数量充足但与市场需求脱节、结构布局不够合理、质量参差不齐等问题，有学者提出应完善并创新涉农人才培养的体制机制，以提升人才培养的质量和效率，更好地满足国家和社会对涉农人才的需求。金绍荣、张应良两位专家关注的核心问题是，依据"产乡教"联合培养人才的理念，农科教育必须经历深刻的理念变革。这种变革需要实现农科教育与乡村人才振兴的有机衔接，确保农科人才的供给与乡村振兴的实际需求达到高度契合。通过这种方式，农科教育将更好地服务于乡村振兴战略，推动农业农村现代化进程。有专家认为，为推动人才队伍建设，应构建一种内外结合的人才动力机制。这一机制既要注重本土人才的培养和塑造，又要积极吸纳引进外部人才。通过平衡吸引人才与培育人才的关系，为外来人才和本土精英创造施展才华的平等机会，以实现人才资源的最大化利用。有学者针对高校教学改革背景下的农业环境保护技术专业人才及农村区域发展专业应用型人才的培养方案和模式进行了系统研究，认为通过吸引外来人力资本能够实现农村人才资本的积累，也有学者认为，应同步加强本土人才的培育与外来人才的引进，以形成双轮驱动的人才发展战略。

（六）智慧农村理论

现代化理论指出，工业化与城市化是现代化的核心要素，这二者共同塑造了城乡之间的核心与外围、主导与从属的关系结构。在这一转变过程中，传统乡村的发展面临着前所未有的压力。我国现代化的推进，实质上是国家治理体系的不断健全和治理能力的持续增强。自新中国成立以来，我国的社会治理架构已经历了由单一主体向多元主体协同的转变，同时，管理方式也逐渐由以行政手段为主转变为法治、德治与综合治理的协同模式。我国正处于城乡融合的重要阶段，城乡建设正经历由城市主导转向农村优先的转型过程。在这一过程中，城乡建设完成了从"单一战略"到"多元化并进"、从"局部发展"到"全面建设"的升级。精准扶贫致力于消除农民贫困，通过精准识别、精准帮扶，实现乡村的全面发展，关注"如何具体实现乡村发展"的核心问题；新农村建设、美丽乡村建设等行动，旨在弥补农村基础设施短板，解决乡村发展不平衡的问题，进而探索"如何快速推动乡村进步"的解决路径；智慧乡村建设则着眼于乡村智慧化转型，通过引入现代信息技术，提升乡村治理效能，为"如何更好地促进乡村发展"提供了解决方案。由此可见，时代议题的演变和新兴技术的迅猛发展，对国家—社会—公民关系以及政府治理的逻辑产生着深远影响。乡村建设的重心已经实现了从基础设施完善向智慧化发展的历史性转变。在这种背景下，智慧治理的崛起代表着社会控制结构正经历着从层级制向扁平化结构的转变。智慧化治理与现代通信技术的融合，使智慧化治理形成了一种全新的治理范式。这种范式在智慧城市建设和智慧乡村建设等领域得到了广泛应用，进一步推动了社会的智能化进程。

目前，我国智慧城市的建设正在蓬勃发展，与此同时，对数字乡村和智慧乡村的探索也在稳步推进中。在乡村治理的过程中，为实现乡村的智慧化建设和智能化治理，必须深入研究如何巧妙地结合乡村建设与现代通信技术，推动治理方式与科技革命的深度融合，这是当前亟待解决的关键问题。

四、乡村振兴规划方法与实施路径

（一）乡村振兴规划方法

自我国实施改革开放以来，经历了工业化、城镇化与信息化的迅猛推进，有力促进了农业农村的现代化进程和城乡一体化发展。乡村面貌日新月异，从最初的解决温饱问题，到小康社会的建设，再到实现富裕阶段，展现了农业系统由单一向多元功能的转变，乡村系统逐步与城乡发展融为一体。然而，城乡之间仍然存在二元结构的问题，乡村发展面临空心化、老龄化及环境恶化的挑战。针对这些问题，党的十九大明确指出，"三农"问题关系国计民生，是根本性问题，同时提出了乡村振兴战略。党的二十大进一步深化了这一战略，为农业农村现代化设定了新的发展目标，为"三农"工作指明了方向。乡村振兴要坚持科学认识并把握乡村之间的差异性和发展趋势的分化特点，确立多规合一、城乡一体的设计理念，紧密围绕乡村振兴的目标，制定并落实地方性的振兴规划和专项规划或方案，重视顶层设计的完善，坚持分类施策，以规划为先导，突出重点，通过典型示范引领。

针对我国不同地区的具体需求，以科学严谨的态度来规划乡村振兴的路径，确保每一步都顺应民心、符合实际，注重发展的质量并稳步推进。规划是对未来发展趋势进行整体谋划和布局的过程，它既是引导发展的重要手段，也是宏观调控的关键工具。在全球范围内，各国都根据自己的国情和发展目标采取了不同的规划策略。例如，德国探索了"自上而下"与"自下而上"相结合的规划模式，旨在实现政府引导与社会参与的有机结合；美国则实行城乡均等的规划策略，以缩小城乡差距，促进全面发展；英国注重鼓励居民参与规划设计，以增强规划的针对性和实效性；加拿大和印度则更加强调可持续发展的理念，致力于在保护环境和发展经济之间寻求平衡。结合我国实际，我国应建立起全国、市县和村镇三级规划体系，以推动乡村振兴战略的深入实施。这一体系应充分体现科学性、严谨性和可操作性，确保各项规划措施能够精准对接地区需求，有效引导资源要素合理流动，推动农村地区实现全面振兴和可持续发展。

经过不懈的努力，全国及各省级单位已圆满完成乡村振兴战略规划的编制工作，同时，市县级别的总体规划也在稳步推进或编制过程中。然而，在审视现有规划时，能够发现部分领导对规划的理解主要停留在任务完成与评估的层面。学术界对于规划理念的探讨和地区性实践的研究虽有所深入，但可供借鉴的成果和案例仍显不足。乡村振兴规划是一项长期且复杂的系统工程，要从系统认知的角度，对规划体系进行深入的研究。有学者基于多体系统理论研究并构建了"三主三分"的规划方法，并通过宁夏盐池县的实例应用，为乡村振兴规划的制定提供一定的参考依据。

1. 乡村振兴规划理论基础

乡村振兴规划是为了实现乡村地区的转型与可持续发展，必须遵循地域发展的自然规律，妥善处理城乡之间的关系以及人与土地之间的关系。规划需要综合考虑产业发展、生态保护、资源配置等多重目标，并推动空间布局的优化与重构。在实施过程中，规划应凸显层次性、主体性和战略性，平衡各方利益诉求，确保项目落地生根，战略得以落实。同时，规划还需促进现代乡村治理体系的构建，为乡村振兴提供坚实的实施保障。

（1）乡村地域多体系统

乡村是城市之外的土地区域，随着经济全球化和区域一体化，城乡要素流动增强，推动了乡村人地系统的交互。乡村地域系统由环境、资源、经济与人文相互作用构成，具有一定结构和功能。乡村地域系统包括城乡融合体、乡村综合体等多体系统,具有层次性和地域性。乡村综合体内部按县域—镇域—村域等层级形态组织。乡村振兴规划以县域为对象,以村域为单元,以乡村地域多体系统为理论基础,科学制定总体蓝图和规划方案。

（2）乡村发展多级目标

新时期乡村发展是各要素交叉融合、内外力交互作用的优化过程。"2030年可持续发展议程"提出了 17 项发展目标,需要整个社会协调合作来实现发展与保护的平衡。从改革开放到 21 世纪中叶,中国乡村发展阶段目标包括建设温饱型社会、小康型社会、富裕型社会。目前,乡村发展正朝着实现共同富裕社会的方向迈进,适宜在县域范围内实施乡村系统的全面振兴和整体提升。鉴于不同区域的发展阶段和所面临的问题有所差异,乡村振兴的战略和具体目标应有所区别。在制定乡村振兴规划时,需根据各地区的实际情况,因地制宜、全面考虑,以乡村重构和城乡融合为指引,推动生活、生产、生态的有机结合,增强中心社区与重点村镇的优势地位,凸显乡村发展区的特色,从而构建出适应乡村振兴需求的国土空间治理体系。

（3）"三主三分"理论认知

区域是具有地理单元的空间范围和功能。县域是中国最基本的行政单元,连接城市与乡村,承载不同功能,促进区域协调与城乡融合。县域内土地呈现出多样化的区域土地利用类型,各类型在规模与用途等级上存在差异,构建了"主体功能—主导类型—主要用途"的层级关联结构,并据此形成了"分区—分类—分级"的空间组织体系。在生态文明建设与乡村振兴背景下,需要科学评价区域资源环境,甄别主要用途、主导类型、主体功能,实施用途分级、功能分区、利用分类,并创建"三主三分"理论支撑的乡村振兴规划方法、管控体系和制度保障。

2. 乡村振兴规划技术思路

新时期乡村振兴规划应基于乡村地域多体系统,遵循"三主三分"理论,开展系统辨识与重组工作,完成土地用途分级、资源类型分类、功能区域划分。其核心在于实现多级目标,创新治理体系,将各项任务落实至具体地域空间。应明确空间布局、特色产业、发展方向，优化空间资源配置，制定协同发展规划，加强公共服务建设，提升乡村功能。村镇空间场和乡村振兴极是乡村发展的具体体现和实体支撑，乡村发展区应形成各具特色的功能类型，城乡基础网则是连接乡村与城市的空间载体。

（二）乡村振兴规划研制方法

县域乡村振兴规划以乡村地域系统为研究主体，深入剖析乡村的结构与空间形态，科学运用综合技术分析县域发展环境，并据此提出实施多级目标的路径规划。规划的核心在于，采用科学的方法和"三主三分"的规划技术，进一步优化县域发展空间格局，调整地域功能布局。通过明确各区域的优势和优先发展次序，精准识别主体功能，科学划定主导类型，制定详细的定位、定量、定性方案。最终，完成发展定序和用途分级，形成全面、系统、科学的乡村振兴规划。

1. 主体功能分区

主体功能区划作为综合地理区划的核心任务，要遵循国家及省级规划的战略部署，构建一套科学严谨、符合实际的指标体系和分区原则。在区划实施过程中，尊重县域空间分异规律，运用多功能原理，对各类主体功能区进行精准识别和合理划定。为确保区划成果的准确性和科学性，全面考虑地貌特征、土地利用及产业类型等多元化指标，对县域进行细致入微的划分。特别是在地貌格局显著的地域，坚持以地貌为主导因素，对县域进行科学合理的区划调整，以实现区域发展的均衡与可持续。

2. 主导类型分类

土地作为人类社会生存与发展的基石，其利用状况深刻体现了自然与人文两大领域的交融互动，同时也是经济社会活动得以开展的重要依托。土地利用类型的划分，实则是对地域功能分异特征的客观反映。在明确主体功能分区的基础上，紧密结合县域规划，依据各类土地的具体用途，科学划分出工业用地、村镇建设用地、生态保护区及农业发展区等多元化功能区，以此确保生态建设、农业发展、产业升级及城镇化进程得以有序进行，并为上述领域提供坚实的空间保障。

3. 主要用途分级

土地利用类型是衡量土地用途及其利用程度的重要指标，对于城镇村建设用地，可以分为自然村、中心村、一般乡镇、重点镇及县城等不同等级。在工业领域，根据土地利用价值将其划分为低值、一般和高值工业区。同时，对于农业用地，也可以进行类似的分类，分为低值、一般和高值农业区。此外，为了更好地保护生态环境，可以将生态用地划分为生态高值区、一般生态区和脆弱生态区，这些分类是根据保护区的重要性和产出效率等级来确定的。这样的分类体系有助于更加科学和精确地规划和管理土地，以促进区域的可持续发展和生态文明建设。

4. 规划研制要点

深入研究新时代乡村振兴的内涵与战略部署，紧密结合区域特色、资源优势、经济发展和社会进步等因素，全面分析规划内容与技术规范的实施要点。在研判过程中，应着重关注乡土文明的传承与保护、文化资源的挖掘与利用，以及乡村治理体系的完善与创新。同时，要深入探索县级乡村振兴规划的模式、背景和发展方向，明确各类规划等级与地方发展的紧密联系。制定科学合理的类型体系与功能分区，确保乡村规划与经济社会发展规划、国土空间规划的协调与衔接。最终形成以村镇发展为核心，以类型和功能定位为基础，以基础设施建设、生态环境保护和公共服务体系构建为保障，以产业发展为支撑的综合性、系统性、可操作性的乡村振兴总体规划方案，为新时代乡村振兴战略的全面实施提供有力支撑。

（三）乡村振兴规划及发展策略

通过采用"三主三分"的科学方法，系统剖析盐池县乡村的功能空间布局、地域特色及其特性，全面揭示其发展规律。在细致调研与综合考量社会经济要素、自然地理环境的基础上，构建县域生活、生产、生态和谐共生的空间结构，确立因地制宜、产业驱动、城乡一体、生态优先的规划导向，塑造全新的城乡发展蓝图，以推动乡村振兴战略深入实施，为盐池县乡村的可持续发展奠定坚实基础。

乡村振兴规划，作为实施乡村振兴战略的行动纲领和蓝图，必须严谨制定并严格执行。在充分考量资源环境承载力的基础上，深化乡村振兴战略，确保每一步都稳健有力。在产业发展方面，必须加大投入力度，推动乡村产业向现代化、高效化、绿色化方向发展。在城乡融合方面，要整合县城及乡镇资源，优化基础设施布局，提升城镇功能，为乡村治理现代化提供有力支撑。在空间布局方面，要构建科学合理的聚落格局，推动村镇有机融合，实现居业协同发展。在生态保护方面，要强化生态空间保护，实现生产空间和生活空间的均衡布局和集聚治理。同时，要建立健全责任机制和奖惩制度，确保各项措施得到有效落实。通过这一系列举措，全面保障乡村振兴战略的顺利实施，为乡村经济社会的持续健康发展奠定坚实基础。中国乡村发展已全面进入转型期，农业农村现代化被确立为乡村振兴的战略目标。为实现这一目标，就要深刻把握发展规律，深入推进规划技术研究，为乡村振兴现代化提供坚实支撑。

乡村振兴规划包括探讨功能区协同方案和类型间关系；制定主体功能分区、类型分类、用途分级体系；研究时代背景、定位和发展模式；明确各类型地方关联与等级体系。盐池县乡村振兴规划"三主三分"方案：主要用途（以村镇为例）按"县城—重点镇—中心村"等级；主导类型含农业、生态、工业、村镇；主体功能分哈巴湖保护区、草原风沙区、丘陵沟壑区、灌溉农业区。在规划过程中，要全面考虑地域系统的特点，以及城乡交通、产业、空间和服务体系的建设需求。核心任务是推动实现生态宜居、文明进步、治理有效、生活富裕、产业兴旺的全面发展目标，以形成有序且协调的发展格局。为确保规划的科学性和可行性，必须充分征询专家意见，广泛吸纳公众参与，整合各类技术资源，实现数据的高效融合。同时，要进一步深入研究市场资源配置、乡村转型发展、空间格局优化、智慧乡村建设及区域联动发展等关键领域，为规划的实施提供坚实的理论和实践支撑。

中国幅员辽阔，乡村地区发展呈现出显著的差异性，包括村镇之间、城乡之间及不同区域之间的差距。这种差异性使得乡村治理和振兴规划面临复杂多样的挑战和多重问题。中国已经正式进入全面建设社会主义现代化国家的新征程，同时，也标志着我国正式进入"城乡中国"的新时代。在这一时代背景下，乡村所承载的"六地"功能，即作为创新创业康养文化兴盛之地、农业生产农民居住的集中地、现代城市健康发展重要腹地，以及中华民族农耕文明的传承地、保障生态粮食安全战略高地、工业化与城镇消费的原料地，其重要性正日益凸显。因此，要以高度的政治责任感和使命感，科学实施乡村振兴战略，推动城乡融合发展和现代化建设。在这一过程中，要将规划转化为实际行动，确保各项政策措施落地生根。

乡村振兴对于我国"三农"问题的解决和现代化进程的推进具有至关重要的意义。当前，乡村转型、城乡融合、高质量发展等已经成为未来发展的重要趋势。在这个过程中，地理学，特别是人文经济地理学，具有不可忽视的作用。通过制定路线图、研究动力源、研发探测器，地理学可以为乡村振兴提供科学的理论支撑和实践指导。在理论层面，构建涵盖"大跨度、多尺度、分维度"的乡村地域系统框架，深入剖析乡村振兴的驱动力与演化机理，以更加科学严谨的态度把握乡村振兴的内在逻辑与外部影响，从而为政策制定提供坚实的理论支撑和实践指导。在实践层面，充分利用大数据、人工智能等先进技术，建立科学的评估体系，对乡村振兴的成效进行客观、全面的评价，从而及时发现乡村振兴过程中的问题和短板，为政策调整提供数据支持。

为深入贯彻绿色发展理念，全面推进美丽乡村建设，制定"绿发指数"，以此作为衡量乡村发展成效的重要标准。在构建"绿发指数"时，重点关注"四绿"建设，即绿权保障、绿业发展、绿地保护和绿人培育。具体而言，绿权保障是指建立健全发展权益保障机制与制度，确保农民群众在绿色发展中的合法权益得到充分保障；绿业发展是指大力推动有机、生态产业，培育绿色增长点，促进农村经济可持续发展；绿地保护则是指加强土地与环境治理，保持乡村生态平衡，创造宜居宜业的健康土地环境；绿人培育则是指培养具有绿色发展理念的生产者、从业者，提高农民群众的整体素质，为乡村振兴提供坚实的人才支撑。

为确保乡村振兴工作取得实效，要制定乡村振兴成效第三方评估考核方案。该方案采用科学、客观、公正的评估方法，定期对乡村振兴工作进行检查和考核，确保各项工作落到实处，为全面建设社会主义现代化国家贡献力量。在实践工作中，遵循人地关系地域系统的原则，将乡村人地系统细化为农业、村庄、乡域和城镇等多个子系统。通过系统梳理和示范，构建符合乡村振兴的地域发展模式。为确保乡村振兴规划的持续性和有效性，积极开展"回头看"活动，对已有规划进行审视和调整。

乡村振兴是产业兴旺、生态宜居、生活富裕、乡风文明、治理有效的一个综合结果，不是某一个方面做好了就实现了乡村振兴，但某一个方面的实现，又往往有其他四个方面的推动，或者是直接导致了其他四个方面的实现。本章探讨的实施路径，是通过国内各类乡村发展的实践经验，总结每个县镇、乡村的振兴突破点。

显然任何一个乡村的振兴，都不是靠某一点做好就能实现的，而是多种手段、多个方面共同作用的结果。有些主要抓村容村貌，有些抓卫生，有些抓管理体制，一般发展越好的村庄，各方面都要抓好，但在乡村振兴最初，一定先是找到了某个突破口。有些从优势入手，抓住了优势资源，找到了核心竞争力；有些从问题入手，找到了阻碍发展的关键问题，针对问题找到了解决方案，从而把整个乡村带进了振兴的正确方向中来。

路径总结分类过程，融入了产业兴旺、生态宜居、生活富裕、乡风文明、治理有效五种路径，同时在地理区位特点、资源特点、历史文化特点、经济发展方式特点、管理措施、发展历史，存在问题等方面进行总结，以其最突出的先天优势或者以其最有效的振兴手段为分类的依据。

（四）乡村振兴实施路径——理论引导型

1. 理论引导型

理论引导型，顾名思义，由某个乡村振兴的科学理论引导乡村产业、乡村生产环境、乡村生活环境、乡风乡俗等朝着一个正确方向发展的乡村振兴发展类型。该理论可以是某个产业发展理论，可以是乡村体制管理与治理理论，也可以是实现百姓生活富裕目标的核心理论。可以是某个理论，也可以是某个理论体系。

2. 以理论引导乡村振兴

理论的作用有两方面，一是指导发展实践，将过去错误的发展方向进行纠正及指引；二是为村庄增加了名人效应，提供了"吸引物"，带来了客源，各方领导都要来学习，无形中为地方带来进步的压力，逐渐形成了一个倒逼的过程。同时，任何地方的发展，如若能带来人流量，那后续的很多消费、资金、信息、技术都会随之而来。

3. 发展措施

（1）选取科学的发展理论

想要通过"理论引导型"发展的乡村，首先就要选取科学的、具有前瞻性的、确确实实能够指导乡村振兴发展实践的理论，能够应用到乡村产业发展、百姓生活富裕、乡风文明建设等多方面的理论。理论引导型的乡村振兴，在实践过程中并不是仅局限在某一方面，而是要求实施主体具有开阔的思路，把理论应用到乡村发展的方方面面，而且既然是科学的理论，就具备应用到方方面面的潜力。

（2）关注理论的提出人是谁

同时，要关注理论是谁提出的，是否是地方领导发展的核心人物提出的，这也能够为乡村带来名人效应、吸引物质资源。

（3）将理论贯彻在发展的多个方面

把理论具体实践在乡村的产业发展、基础设施建设、乡风治理、管理体制建立、乡村景观吸引物塑造等方方面面。不断拓展理论转化通道，持续推进乡村休闲旅游提档升级。

（五）乡村振兴实施路径——区位依托型

1. 区位依托型

"区位"一方面指该事物自身所处的位置，另一方面指该事物因自己所处空间位置而与其他事物之间产生的空间联系。区位依托型的乡村主要指那些处于有利区位优势的乡村，如长三角、珠三角的乡村及中西部其他发达城市群周边的乡村或者大中型发达城市的城郊乡村。

这类乡村拥有良好区位为其提供的交通、市场、产业、基础设施等方面的便利条件，在促进乡村发展振兴。农业、农产品加工业、轻工业等产业发展方面优势明显，产业可向做精做强发展，可以利用现代物流、电子商务等多种营销方式扩大影响。

2. 区位对乡村发展的影响

区位对乡村的影响主要表现在市场需求、交通距离、产业带动、政府管理效率、政策资金倾斜、农业生产技术、劳动力等方面。

在市场需求上，无论乡村是生产初级农产品、农产品深加工产品还是乡村旅游产品等，周边发达的城市消费群体市场都可以消化。

在物流交通距离方面，园艺业、乳畜业产品容易变质，要求有方便的交通运输条件，同时发达地区成熟的第二产业、第三产业发展基础，也能为乡村产业的兴旺提供较为齐备的生产资料、资本投入、技术信息等。在客源交通距离方面，周边城市的短途休闲旅游市场，也可以为乡村旅游的发展带来客源群体，为城乡的进一步深度融合提供条件。

同时，发达地区的政府整体管理效率相对较高，管理理念也会相对先进，这些都为乡村振兴带来先决的有利条件。龙头企业的引入，更利于将农民转化为职业农民，促进农业增效，农民增收，农民可以一边领取土地流转金，一边拿着职业农民打工的薪水。

3. 乡村的有利区位优势

对于具有区位优势的乡村，在开拓发展路径的过程中，应首先确定自己的区位是属于区域型区位优势，还是城郊型区位优势。为了便于理解，作者将其总结为大区位优势（区域型区位优势）和小区位优势（城郊型区位优势）。

（1）区域型区位优势

若乡村处于长三角、珠三角等东部经济发达地区，可首先在产业发展路径上进一步拓宽思路，依托乡村现有的产业发展资源类型，以市场为导向，引导支持专业的技术和管理理念的介入，通过有针对性的招商引资、龙头企业的扶持及农民专业合作社的规模化建设，将发达区域的产业发展优势充分引入到乡村。

（2）城郊型区位优势

而对于具有小区位优势的乡村，应首先确定好自己的核心依托城市或城市群，找准市场需求，从农产品和乡村旅游产品服务上着手，做周边城市的"菜篮子"，做周边城市的"后花园"。这种乡村往往土地利用率高，要充分发挥土地的价值。利用良好的公共服务配套设施和区位优势，增加农产品的附加值，实施特色优势农产品出口提升行动，提高农产品国际竞争力。同时开放精品果园和精品农场，供市区游客游览采摘。

（六）乡村振兴实施路径——特色现代农业型

1. 特色现代农业型

现代农业的概念，涵盖了高效农业、精品农业、品牌农业、绿色农业、有机农业、科技农业、生态循环农业等近年来我们大力提倡发展的农业发展模式类型。这些类型的内涵各有侧重，又各有交叉，这里我们统称为特色现代农业。

现代农业的发展已不再局限于传统的耕作领域，而是拓展至第二、第三产业，形成了与农业紧密相连的产业集群。在市场机制的推动下，农业与其他产业共同构建了相互促进、利益共享的发展格局。随着新技术的不断应用,现代农业正由资源外延开发向实现可持续发展和提高资源利用效率的方向转变。此外,现代农业还向观赏、休闲等领域延伸,新型农业形态迅速崛起,成为推动经济社会发展的重要力量。相较于传统农业以提供物质产品为核心任务,现代农业则呈现出更加多元化、功能化的特点。除了基础的农产品生产,现代农业还融入了旅游观光、生态保护、教育培训、文化传承以及生活娱乐等多重元素,逐渐演变成人们精神文化追求的重要载体。这些功能的丰富与拓展,不仅提升了农业的综合效益,也进一步满足了人们对美好生活的向往和追求。

2. 现代农业型发展路径

已经具备一定农业产业发展特色的乡村,可以选取现代农业型发展路径,进一步扶持龙头企业,加大龙头企业在乡村发展中的影响力度,从土地流转、农技推广、农民雇用、乡村资源共享、村民市场化服务管理等方面,对乡村的发展作出贡献。鼓励龙头企业在产品品牌塑造、产品类型多元化、销售渠道拓宽等方面更多地发挥积极性和带动作用。

3. 发展措施

(1)坚持特色引领

① 抓优势产业规模化

培育水果、畜禽、蔬菜、茶叶、水产、花卉苗木、林竹、食用菌、中草药等优势产业,深入发掘与利用自然资源优势,以科学的方法优化产业布局,全力构建现代农业的经营、生产、产业三大体系,积极扶持龙头企业,突出产业的特色化发展,坚持质量第一、绿色发展的理念,推动农业从追求数量增长向注重品质提升转变。同时,进一步优化品种结构,精心打造一批现代农业产业园区,为农业现代化的实现、农村的全面振兴以及农民收入的持续增长提供坚实的支撑和保障。

② 抓品牌农业建设

认真组织并实施种业创新工程,切实增强国内知名品牌的市场竞争力,持续优化提升"三品一标"农产品的品质，稳步推动农业标准化生产的全面实施。

③ 抓农业合作

为了提升特色农业的整体效益和质量，要进一步加强对农业经营的管理。这包括推动新型农机具的广泛应用，引进农作物新品种，以及普及先进的农业技术。通过这些举措，促进农业生产的现代化和智能化，提高农产品的产量和品质，为农民创造更多的经济收益。

④ 抓农产品质量安全

食品安全监管工作必须细致入微，不容有失，对每一家企业、每一款产品都必须严格把控，确保从田间到餐桌的每一个环节都清晰可见，可追溯、可监管。对于全链条的每一个环节，毫不松懈，坚决维护人民群众的食品安全权益，确保人民群众的餐桌安全，让人民群众吃得放心、吃得安心。

（2）促进小农户与现代农业经营体系对接

为了促进小农户与现代农业的融合发展，坚持"两手抓"的战略导向。一方面，精准对接小农户的实际需求，不断优化服务，引导他们顺利融入现代农业体系。同时，积极培育专业化的市场服务组织，以增强小农户的市场竞争力和抗风险能力。另一方面，通过实施"一村一品""一县一业"等战略举措，促进农民收入的增长。在此基础上，以工业化的方式组织农业生产，实现规模效益的共享。这不仅能够提升农业的整体效益，还能推动多元化的合作，为现代农业的可持续发展注入新的活力。

总之，通过这些措施的实施，我们期望能够构建一个更加协调、高效、可持续的现代农业发展体系，让小农户在现代农业的大潮中找到自己的位置，实现增收致富的目标。

（3）加强产业融合思维

深入实施乡村振兴战略，构建城乡融合发展的体制机制，推动农村一二三产业的深度融合。着力打造新型工农城乡关系，引导技术、资本、人才等要素向农村有序流动，充分发挥政府与市场在资源配置中的决定性作用。设立财政专项资金奖励制度，以激励农业多功能的拓展，提高农村人才的薪酬待遇，促进农产品流通的现代化，进而推动产业升级，提升农业整体竞争力。积极培育新产业、新业态，为农村经济的持续健康发展注入新的活力，从而推动城乡经济的协同发展。

（4）以有效的服务组织为保障

实施乡村振兴战略，必须着力培养一支热爱农村、精通农业的"三农"工作队伍，为农村发展注入新的生机与活力。第一，全面推行下派村支书制度，充分发挥党组织的核心领导作用，选派一批政治素质高、工作能力强的优秀党员担任第一书记，确保乡村振兴工作落地生根；第二，强化科技特派员制度，形成科技人员与农村地区的共同利益机制，组织科技人员深入农村一线，与农民和农业合作社紧密合作，共同推动农业科技创新和成果转化。通过这些举措，为乡村振兴提供坚实的人才和科技支撑，促进农村经济社会的全面发展。

（七）乡村振兴实施路径——乡村旅游型

休闲农业和乡村旅游是目前普适性最高的一种乡村振兴产业业态，具有连接城乡要素资源、融合农村一二三产业的天然属性，可以在促进乡村产业兴旺、增加居民就业、改善生活环境、保护乡村传统文化等多方面起到事半功倍的效果。有巨人的市场空间，具备条件的地区应该稳步推进。

1. 乡村旅游的内涵

乡村旅游的内涵包含两方面：其一，是以乡村独特的人文和自然景观为吸引物的旅游活动；其二，这些活动必须在乡村地域内展开。自20世纪80年代开始，乡村旅游作为一种新型的旅游模式，在农村地区逐渐兴起，特别是在20世纪90年代之后，其发展势头更加迅猛。乡村旅游对于农村经济的贡献体现在多个方面，不仅为当地创造了大量就业机会，还促进了传统经济的转型升级，为地方财政增收作出了积极贡献。其重要资源包括丰富的农业资源、宜人的田园风光以及美丽的自然景观，这些资源的合理开发与利用，将进一步推动乡村旅游的健康持续发展。

2. 以乡村旅游促进乡村振兴

众所周知,"三农"包括农业、农村、农民。首先,从农业角度看,农业可以说是为旅游业又开辟了一个新的战场,广阔农村,可以让旅游大有作为;同时乡村旅游的引入,可以增强农业产业活力,使得农业多产化。其次,从农村角度分析,农村在为旅游业提供劳动力的同时,旅游业通过多种方式增加了农民收入和就业。再次,从农民角度看,农民开展乡村旅游,为旅游发展提供了广阔的空间,使旅游也不仅局限于景点、景区、城市,同时在旅游带动下,农民也能感受到乡村美化带来的各种便利,农村环境得到了改善,生态环境也变得更加宜居。

所以说,乡村旅游不仅是促进乡村振兴战略实施的有力抓手,更是系统解决"三农"问题最直接最有效的手段之一,有利于一揽子解决"三农"问题,促进乡村振兴。

3. 当前乡村旅游发展存在的问题

近年来,乡村旅游在促进消费、改善民生、推动高质量发展中发挥的重要带动作用获得广泛认可,但当前乡村旅游发展也存在一些不平衡不充分的问题。

（1）乡村旅游产品亟待升级

乡村旅游的产品也要升级换代,不再是吃吃农家饭,住住农家院,当乡村成为旅游活动的一切载体,那么康体运动、健康养生、研学旅行等各类旅游特色产品都可根植于乡村环境中。因为旅游活动首先是要让游客感受到环境的差异性,相对于城市游客,乡村就是最为广泛的差异环境旅游资源,更不用说大多数乡村不仅民风淳朴且生态环境优良。所以现在已经不是要不要发展乡村旅游的问题,而是发展哪种类型的乡村旅游产品。

（2）各地同质化现象明显

目前各地发展休闲农业和乡村旅游积极性很高,遍地开花、盲目发展的势头较猛,同质化的问题突出,恶性竞争、亏本经营的不少。发展休闲农业和乡村旅游需要有独特的资源禀赋和基本条件，需要搞清楚自身的市场需求和目标群体，需要有创意的设计和巧妙的营销。因此，各地在发展中要认真研究，理性选择。

（3）特色挖掘不足导致的"千村一面"

乡村旅游热导致了大量盲目地开发、"野蛮生长"的乡村旅游，管理机制不完善，旅游活动缺乏特色，背离当地文化规划建设导致"千村一面"。政府缺乏正确的规划和引导，经营者一味追求短平快，造成同质化严重。无视乡村和农民的发展需要，完全丢失了乡村旅游最初的味道。伴随资本涌入，"千村一面"的尴尬难掩，这些乡村虽然填补了乡村旅游资源的空缺，但难以肩负社会赋予的真正责任，究其背后的原因，最主要的一点就是没有属于自己的独立 IP。

4. 发展措施

（1）各方面多角度的提质升级措施

乡村旅游从 20 世纪 80 年代发展至今已有 40 多年的历史，当下面临的核心问题就是乡村旅游产品业态的转型升级，从基础硬件设施上升级，从产品、产品质量上升级，升级手段包括硬件设施的建设、管理模式的提升、信息技术的同步以及多元化服务产品的升级换代等。

（2）以拓展农业多种功能的思路发展乡村旅游

以农耕文化为魂、以田园风光为韵、以村落民宅为形、以生态农业为基，依托村庄优势农业项目，拓展农业观光、休闲、度假和体验等功能，开发"农业＋旅游"产品组合，带动餐饮、住宿、购物、娱乐等产业延伸发展，促使农业向第二、第三产业延伸，产生强大的旅游产业经济协同效益，促进当地群众增收，实现脱贫致富。

（3）强化乡村的独特性挖掘与创新

加强乡村生态环境和文化遗存保护，发展具有历史记忆、地域特点、民族风情的特色村镇，建设"一村一品""一村一景""一村一韵"的魅力村庄和宜游宜养的森林景区。依据自然资源，有规划地开发休闲农庄、特色民宿、自驾露营、户外运动等乡村休闲度假产品。

（4）市场导向、品牌战略

乡村旅游产品与其他旅游产品一样，是针对相应的市场需求而设计产生的，乡村旅游产品是否符合旅游者的需求是决定其开发是否成功的重要因素之一。乡村旅游开发要以市场为导向，进行充分的市场调查和分析，将市场需求和客观条件相结合，开发出各具特色、不同档次、适销对路的乡村旅游产品。

以市场为导向，首先必须树立市场意识，分析旅游者的旅游动机，开发出满足旅游者需求的乡村旅游产品。其次必须树立品牌意识，以品牌促进乡村旅游的发展。各地应根据自身的生态、文化、建筑、民俗等条件，创建并打响自身的特色化乡村旅游品牌，也可以根据市场情况创建区域性品牌。

（5）整体开发与择优开发相结合

乡村旅游资源是区域旅游资源不可或缺的一部分，具有多样性和丰富性的显著特征。要将乡村旅游资源的开发利用纳入区域旅游开发的总体战略布局中，站在区域旅游发展的高度，进行全面系统的规划和协调，以推动区域经济的持续发展，构建协调统一的区域旅游线路体系。

（6）将"大众创业、万众创新"作为引领乡村旅游发展的重要力量

在推进乡村旅游发展的过程中，必须充分认识和发挥当地居民的主体地位和积极作用。人是乡村旅游资源的核心组成部分，是乡村旅游发展的关键因素。高度重视并积极组织当地居民参与旅游服务工作，充分挖掘和利用他们的潜力，推动乡村旅游健康、有序、可持续发展。引领乡村旅游新时尚、新潮流，积极开展乡村旅游"大众创业、万众创新"，引导贫困群众从事乡村旅游发展工作，带动休闲农业、乡村旅游、户外运动、工程建筑等产业发展，促进就业创业，实现农民增收创收。

（八）乡村振兴实施路径——生态优势型

1. 生态优势型

推动乡村生态振兴，是乡村振兴的核心内容之一，建设生活环境整洁优

美、生态系统稳定健康、人与自然和谐共生的生态宜居美丽乡村，是乡村振兴的目标之一。

生态优势型的乡村一般集中在生态环境优美，没有工业污染，自然条件优越，拥有丰富山水资源、森林资源、草原或沙漠等特殊地貌景观资源的区域，生态环境优势明显，并且能够把生态优势通过生态旅游、乡村旅游、绿色农业等产业业态转变为经济优势。

2. 可开发产业类型

（1）绿色农业

具有生态优势的地区，绿色农业具有良好的生长环境本底，可通过绿色生产方式发展品牌农业、特色农业、精品农业、循环农业等，实现投入品减量化、生产清洁化、废弃物资源化、产业模式生态化，提高农业可持续发展能力。

（2）生态旅游

利用乡村周边的自然生态景观优势，山水林湖海、湿地、沙漠、草原等特色地貌景观资源，开发生态旅游产品，从观光到度假、研学、深度体验等产品链条延伸，开发生态养生、体育、康疗度假等产品。

（3）乡村生态旅游产品

配套服务于生态旅游的乡村旅游产品。处于良好生态资源优势地区的乡村，可为生态旅游产业提供良好的基础服务配套，为前来旅游的游客提供旅游商品、农产品的购买服务。

3. 发展措施

（1）推动绿色农业循环发展，打造生态农业品牌

推进农业绿色化进程，推动绿色农业循环发展。紧密结合地方实际，充分利用优质资源禀赋，精心打造生态友好、有机安全、绿色健康的特色农产品品牌，为广大消费者提供绿色、高品质的农产品。同时，注重农业科技创新，加强品种选育和产品加工技术的研发与应用，全面提升农产品附加值和市场竞争力。另外，强化水土保持工作，加强农业污染防控，坚决打好农业

资源污染防治攻坚战。积极推动化肥农药使用量"双减"行动，实施农业立体种养和资源循环利用，促进农业废弃物资源化利用，为农业可持续发展注入强劲动力。

（2）通过多种途径盘活自然资源

在严格遵守土地管理相关法规以及整体规划框架内，审慎利用土地面积的 1%～3% 进行旅游、体育、康养、农业等领域的开发活动。同时，要建立健全有偿使用制度，深入研究生态资源的科学评估方法。此外，还应允许集体经济组织合理利用现有设施用地开展经营活动，以充分盘活森林、草原、湿地等自然资源，实现经济效益与生态保护的双重目标。

（3）扩大商品林经营自主权

为深入贯彻落实党中央、国务院关于生态文明建设的决策部署，进一步深化集体林权制度改革，推动林业高质量发展。要鼓励多种形式的适度规模经营，促进林业产业转型升级，实现林业可持续发展。同时，全面开展森林经营方案编制工作，明确经营目标和措施，提高森林经营的科学性和规范性。为加强生态资源保护，设立生态管护员工作岗位，积极吸纳当地群众参与生态管护和管理服务，形成全民参与、共建共享的良好氛围。此外，为激发林业经营主体的积极性，扩大商品林经营自主权，让经营者拥有更大的自主决策权。同时，完善生态资源管护机制，强化生态资源保护和修复，确保生态安全。积极支持开展林权收储担保服务，为林业经营主体提供多元化金融服务。

（4）大力发展"生态＋乡村"的复合旅游产品

深入调研和挖掘乡村的多元价值，包括生活形态、文化传承、生态资源以及经济潜力，确保乡村生态产业能够持续健康发展。依托农耕文化的深厚底蕴，开发体验性、休闲性和生态性的旅游产品，满足游客的多元化需求。充分利用乡村景观的独特优势，构建完善的休闲农业体系，发挥其在促进农业产业升级、推动乡村振兴等方面的多重功能。

（5）加强政府配套服务，强化顶层设计

出台一系列指导性意见，以促进生态产业化和产业生态化的协同发展。

为了加大生态产业融合发展的支持力度，明确金融、土地、财税等支持政策的具体内容，以提升农业产业的竞争力，推动绿色农业及其产业的持续发展。为了培育新业态，着力打造乡村美丽业态，推动科技创新，以加速主体融合，积极吸引小农户参与生态产业，促进农业与生态的有机结合，实现资源共享和优势互补。同时，加强市场监管，确保产品质量，制定并实施统一标准，以保障市场的公平竞争。在科学规划生态产品方面，促进传统产业的升级，并建立健全技术支持体系。通过这些举措为生态产业化和产业生态化的发展提供有力支持，推动绿色农业及其产业的持续繁荣。

（九）乡村振兴实施路径——文化繁荣型

乡村振兴是一项系统性工程，既要注重外在形象的塑造，也要注重内在精神的培育。要构建乡村思想文化体系，以社会主义先进文化为引领，弘扬文明乡风，打造具有文化特色的乡村，让村民在精神文化生活上更加充实和丰富，实现物质富裕和精神富足的双重目标。只有这样，乡村振兴战略才能真正落地生根，取得实效。

1. 文化繁荣型

文化繁荣型的乡村振兴路径，是具有优秀民俗文化、非物质文化、特殊人文景观，包括古村落、古建筑、古民居或传统文化特色较为突出、乡村文化资源丰富的地区，通过乡村自身的思想道德建设、文化生活质量提升，以及乡村优秀传统历史文化的保护利用和乡村特色文化产业发展等方式手段，实现乡村振兴目的的乡村振兴路径类型。

文化繁荣模式型的乡村振兴，适用于那些富含深厚文化底蕴的乡村地区。这些地区拥有独特的文化遗址、流传久远的民间故事、历史悠久的古建筑、具有影响力的历史人物、丰富多彩的民俗风情及古民居等人文景观。此外，这些乡村还保存着独特的园林艺术、脍炙人口的神话传说、风味独特的餐饮文化、丰富多彩的民间艺术。古村落等文化资源，都为乡村振兴的文化繁荣奠定了坚实的基础。

2. 文化繁荣型乡村的特点

（1）文化资源丰富

保存了较为完整的建筑遗产、文物古迹和传统民俗活动文化，反映了一定历史时期的地方风貌、民族风情、生活习俗，具有较高的历史、文化、艺术和科学价值。

（2）文化资源得到有效保护

建立完善了文化资源保护政策和管理机制，传统建筑、民族服饰、农民艺术、民间传说、农谚民谣、生产生活习俗、农业文化遗产得到有效保护和传承。

（3）开发利用效益明显

充分发掘乡村文化的产业价值，自然景观和人文景点等旅游资源得到保护性开发，民间传统手工艺得到发扬光大，特色饮食得到传承和发展，农家乐等乡村旅游和休闲娱乐得到健康发展，实现产业和文化的相互促进。

（4）乡风文明建设有效

在新时代乡村振兴战略的新内涵体系下，"乡风文明"成了文化繁荣的重要组成方面，在国务院发布的乡村振兴战略规划内容中，要求坚持以社会主义核心价值观为引领，全面加强乡村民风、家风和乡风的建设，从而有效推动乡村文化的繁荣与发展，并深入传承和弘扬中华优秀传统文化，构建文明和谐的乡村环境，提供丰富多样的优质服务和文化产品，促进城乡公共文化服务体系的深度融合，以满足广大农民群众日益增长的精神文化需求。

3. 发展措施

（1）创新乡村文化投入模式，公共文化产品供给质量

为了全面推进农村文化事业的繁荣发展，必须积极动员和吸引社会各界力量广泛参与农村文化建设，形成齐抓共管的良好局面。为此，建议设立农村文化建设专项资金，确保资金专项用于扶持农村文化建设项目，为农村文化事业的蓬勃发展提供坚实的资金保障。同时，政府应积极探索购买服务模式，提高服务效能，丰富服务内涵，进一步增加农村文化建设投入，促进农

村文化事业持续、健康、有序发展。

（2）强化阵地和组织建设，丰富传播形式

创新政策，以加强乡村文化建设，广泛吸引并选拔热爱乡村文化的各类优秀人才，使其成为乡村文化建设的重要力量。在此过程中，老党员和基层干部要发挥模范带头作用，引领乡村文化建设的方向。同时，要鼓励社会各界贤达积极参与乡村文化建设，通过实施"乡贤培育计划"，为乡村文化的发展注入新的活力，推动乡村文化建设的不断深入，为乡村振兴提供有力支撑。

强化文化普及方式，推动乡村文化落地生根、凝聚民心，可采取多种如制作并分发文化海报与手册、利用农村大喇叭进行广播、设立宣传栏、使用广播车巡回播放、打造文化墙等切实贴近民众、通俗易懂、深受群众喜爱的传播方式。此外，还需积极开展文化能手的选拔、文明家庭与乡村的评选活动，并组织送戏下乡、踩高跷、扭秧歌等文化活动，以进一步丰富乡村精神文化生活，提升乡村文化的吸引力和影响力。

（3）保护文化资源，留住乡愁

在维护乡村的原始风貌、空间布局和历史建筑的基础上，对乡村的文化资源进行精心改造、修缮与保护。对于需要进行改造的建筑物，必须注重新旧相宜，确保新建筑与乡村的环境和历史风貌能够和谐统一，在保护原有建筑风貌的基础上，为乡村注入现代元素，使其焕发出新的活力。同时，对于文化资源丰富、价值突出的村落，要划定重点保护区，优先规划急需保护的文化遗产，并在散落的个别建筑上设置保护标志，以确保其得到有效的保护和传承。此外，要加强对乡村周边溪流、山体及珍稀古树名木的保护工作，综合考虑生态保护和文化传承的双重目标，通过科学规划和有效管理，实现乡村与自然环境的良性互动，以保护乡村与自然环境的和谐统一。

妥善保护并深入发掘乡村地区丰富的历史文化资源，积极激活乡土文化的生命力。在建设过程中，必须注重保持乡村的原始风貌，凸显农村特色，让乡愁得以传承，让青山绿水得以永驻。乡愁，对于乡村而言，不仅是对田野文物、乡土文脉的深刻记忆，更是一种情感寄托。因此，对田野文物遗迹等乡村文化地标的妥善保护与合理开发，不仅代表着对历史文化的敬重，更承载着对乡村文脉的守护与发扬。同时，能够为广大村民构建一个充满归属感的精神家园，让他们能够从中汲取到本土文化的力量。

（4）建设文化设施

为提升乡村文化软实力，必须大力推进先进文化传播阵地建设。这包括加强信息栏、文化广场、阅报栏、文化长廊等公共设施的建设，构建完善的乡村公共服务网络，以满足广大农民群众的精神文化需求。同时，还需进一步加强社区和村级文化室、文化馆、乡村文化站等设施的建设与投入，确保基层文化设施的功能得以充分发挥，为乡村文化振兴提供坚实的物质基础。这些举措将为乡村文化建设注入新的活力，推动乡村社会文明程度的全面提升。

（5）发展文化产业

深入发掘与利用特色文化资源，树立并强化龙头品牌的引领作用，针对具有鲜明特色和文化底蕴的资源进行系统性、深层次的开发。积极开发融合地域特色与传统的文化商品，同时大力推广舞狮舞龙、龙舟竞渡、花灯游艺、戏曲表演等民俗艺术和民间艺术项目。此外，还需加强对编织、绘画、雕刻等民间工艺项目的传承与创新。通过这一系列举措，努力打造独具特色的文化休闲旅游品牌，丰富并提升传统节庆及民间文化活动的内涵与品质，为文化产业的繁荣与发展贡献力量。

（十）乡村振兴实施路径——IP 实践型

1. IP 实践型

常规定义下的 IP 是知识产权，"知识所属权"引申为"专属符号"。IP可以是具象的，也可能是抽象的，是一个事物与其他事物区别开来的关键元素。在这里我们把"乡村 IP"理解为乡村一种特色的自然生态资源、农业景观资源、农业作物资源、乡村风貌建筑等具象的实体，或者乡村的一个故事、一种感觉、一类民俗、一项文化等抽象的概念。它赋予一个乡村与众不同的特点，是乡村生命力的源泉。所以只要具备内容衍生、知名度和话题的品牌、产品乃至个人，都可以看作是一个 IP。

并不是每个乡村都能得到大自然和历史人文的馈赠，然而我们依然可以通过后期的人文再造，依据自身特色打造属于乡村的 IP 文化属性。通过自创或植入的方法引出乡村 IP，再通过 IP 创意策划、IP 品牌设计、IP 品牌传播、IP 衍生开发等一系列手段打造出乡村的独有 IP，并把这个 IP 连同乡村一起营销推广出去，让人们想到这个村就同时想到这个 IP，从而寻求符合乡村自身发展的产业支柱。这是乡村在同质化产品竞争中得以取胜的法宝，是乡村振兴路径选择中一种紧随时代需求的创新路径。

2. 乡村 IP 的类型

（1）农业特色类 IP

依托乡村本身的特产或特色，如农产品、地域田园景观风貌、生态环境特色、乡村主要植物、动物等农业资源，把它的原型加进巧思做成独特的标识，或标新立异，或靠硕大的体型吸引眼球，或 Q 版萌化，进行一系列的吸引人眼球的创意设计改造等。再围绕这个核心产业设计一系列的农产品、文创商品、体验活动等，经过一二三产业的融合，提升农产品的附加值。

（2）文创植入型 IP

这类 IP 可能是目前大家想起 IP 的时候，应用最为广泛的一种，也是传统定义中最易于识别的 IP 类型，如文学作品、电视节目、卡通动漫等，该类 IP 原型可以是依托乡村某类特色资源而创意生长出的 IP。也可以是通过"拿来主义"嫁接过来的 IP，使用拿来主义 IP 时要注意版权的问题，如果整个乡村使用某一知名 IP 主题化，需要和版权所有方申请使用许可，通常需要支付一定版权费。

这类 IP 区别于"农业特色类 IP"，其特点在于不一定是依托于乡村的农业产业特色进行的 IP 创意。如日本熊本县的"熊本熊"。它的形象想必大家都见过，各种各样的表情包已经让它火遍全球，有无数粉丝热爱它。熊本熊是日本熊本县的官方代言人，是日本九州新干线全线通车后，用以推广熊本县旅游而设计的吉祥物。在熊本熊诞生之前，熊本县只是一个经济相对落后的农业小县城，在日本并不知名。而在熊本熊横空出世后的短短几年，全日本都知道了熊本县，熊本县旅游人数增长了近25%，带来很高的直接和衍生经济效益。

熊本熊的成功虽有独到之处，但其火爆验证了萌物"IP"所具有的现实吸引力。我们的乡村也可以因地制宜，造出属于自己的"熊本熊"，但绝不能只是简单的模仿，如何生动地营销使IP活化，从而产生强大的传播效应，才是我们值得学习和借鉴的。

可以和专业的文化公司合作举办IP展、VR互动体验等，优点是省心省力，可以一段时间变换一个主题，让游客常游常新，保持新鲜感。类似于城市的购物中心，它们的主要消费群体是亲子家庭和年轻人，而时下亲子家庭和年轻人也是乡村旅游市场的主力军。但合作型 IP 在与乡村旅游结合的过程中，IP 文化类型的选择就相对需要慎重，需要根据乡村所在的市场区位，自然、人文特色进行选择。IP 本身要符合乡村的"气质"，IP 背后的客户群要与乡村定位相吻合。

（3）故事文化类IP

一段乡村世代相传的民间故事、一种乡村广为人知的乡愁情怀、一个乡贤报效家乡的创业故事等，都可以成为乡村 IP 的创意原型。其核心价值在于扩大乡村的影响力，因着情感共鸣吸引投资商、吸引游客，这类 IP 在产品转化上较为多样，可开发的产业类型也较为广泛，从旅游、文创到研学教育都可以涉及。

3. 发展措施

（1）找准IP及IP生长的优质基因

首先，从公众的角度来看，一个具有创新性的知识产权 IP，必须拥有广泛的社会认知度。其象征性元素应当能够融入并塑造出独具特色的文化体系，表达方式应简洁明了，易于理解。其次，建立起与公众心理认同的紧密联系，通过精心设计的 IP 故事，深入挖掘潜在消费者与品牌之间的紧密联系，持续加强其在认知和情感层面的需求与共鸣，以实现更广泛的社会影响力。

为打造 IP 化主题特色乡村，需要充分挖掘本土文化 IP，构建匹配特色乡村发展的产业链。从前期策划到后期运营都需要执行者围绕特色乡村的本土特征，围绕特色乡村的 IP 主题全方位搭建项目，来实现原创 IP 文化价值转化为经济性的效益收入。打造 IP 化主题乡村，首先需要创新特色乡村的 IP 故事文化来引导受众的认知；其次导入特色乡村的互动体验活动，形成深层次的受众感官体验；最后以新媒体助力特色乡村的营销推广。

（2）以旅游为杠杆的多产业联动发展

目前 IP 经营最为典型或成功的实践案例一般都来自旅游产业业态的形式，一个成功的乡村 IP 实质是为了告别传统的单一旅游产业思维。推动以旅游为杠杆的多产业联动发展，将 IP 的优势与乡村的资源互相联动，放大价值。提高旅游的跨产业驱动力是 IP 实践模式的最终目的，一个健全的特色乡村发展创新模式开始于准确的 IP 定位，在乡村的发展中，要不断培养 IP 主题产业的可持续发展力，来适应时代及消费者的创新性需求。

（3）加强乡村 IP 营销思维

在发展自身内核生命力的同时，应注重走出去的市场敏锐力，加强小镇的营销思维。在维持小镇自身特色的前提下，需要提高市场的知名度及消费者的认知，将特色乡村的营销手段体系化，以专业的营销步骤，构建特色乡村 IP 化的品牌识别度，并以多渠道的平台营销推动特色乡村 IP 价值提升，高端的互联网营销思路有助于加快小镇本土文化的优质资源推广，稳抓时代机遇，洞察消费者的需求，以网络平台为引擎，在白热化的特色乡村竞争中形成特色乡村系统性的品牌推广及 IP 打造的营销策略。

五、国内外学界观点

在乡村振兴方面，我国进行了大量的研究，其中政策研究较多，西方国家的研究相对较少，主要集中于对政治经济学中与乡村振兴有关的宏观理论的研究，以及具体案例的微观研究。

（一）国内乡村振兴研究

乡村振兴战略是我国立足国家发展实际情况，针对"三农"问题，提出的开创性的乡村发展战略，引起了学术界的强烈反响。众多学者从不同的角度出发，对乡村振兴战略的理论与实践进行了深层次的研究，目前的研究多集中于内涵意义研究与实践路径研究。

1. 内涵意义

专家学者对于乡村振兴的内涵意义进行了深入的研究，形成了多种观点。有观点提出，这一战略与城乡统筹融合发展战略及城乡一体化发展战略一脉相承，是对后两者的继承与拓展，保证了我国乡村发展战略思路的一致性和完整性，又保证了乡村建设目标的逐层深入，以及建设任务的环环相扣；并且结合新的发展情况，为我国乡村建设提出了新目标，开拓了新思路。有观点认为，这一战略基于城乡统筹融合发展战略进行了进一步的深化，推动政府宏观调控和市场机制调节的良性合作，是对新农村建设的再度升级，促进了农村发展模式的转变，即由农业现代化为重转变为农业农村现代化并重，由农业单一发展转变为农村综合发展。

2. 实施路径

在乡村振兴战略的具体实施路径上，不同的学者有不同的认识。部分学者提出，这一战略实际上是对城乡关系的重新构造，是要实现乡村融合发展。因此，其实施要与新型城镇化战略互促互进，优化对人才、资金、土地三大资源的配置，以人才培养、产业发展、体制创新、科技创新为具体路径。还有一部分学者提出，这一战略实施的主线在于三大资源，即人才、资金、土地，基础途径为城乡资源要素流动、产业融合发展。所以，关键的实施路径在于创新城乡分工体系，建设新型农业体系。

在财政政策与乡村经济发展关系方面，我国的研究较国外起步晚、时间短，最初仅有少数学者研究了乡村振兴的财政政策，并且这些研究集中于投入角度，提出加快构建和完善相关投入保障制度，改革投融资机制，进一步打造多元化投入格局。随着农村经济体制改革的不断深化，越来越多的学者逐渐重视财政政策与乡村经济发展之间的关系，并进行了更多的研究，取得了一定的研究成果。这为乡村振兴战略的实施提供了有效的理论指导，促进了相关理论体系的完善和实践探索的推进。有学者深入分析、论证了农业和乡村经济的关系后发现，对于中国的整体经济发展而言，农业占据着根基性地位，直接影响着我国整体经济发展的进程与速度。乡村是我国的重要地区类型，乡村经济是我国整体经济的有机组成部分，其发展很大程度上由农业经济发展所决定。我国高度关注且大力支持农业现代化，不断为此投入大量资金。部分学者认为，乡村振兴战略一方面是针对中国经济发展所提出的，另一方面是针对"三农"问题、针对城乡发展不平衡不充分所提出的，合理的财政政策能够有效地推动乡村经济发展。因此，乡村振兴战略必须以财政政策为重要的实施路径。政府要积极充分利用财政政策保证乡村经济发展获得有力的资金保障，不断深化财政制度改革，确保乡村振兴战略的实施获得基础的制度保障。

3. 智慧乡村

早在 2012 年就有学者提出了"智慧乡村"的概念。关于这一概念，很多学者从各个角度出发作出了界定，基本可概括为三种，分别是城市延伸论、新兴概念论、新技术运用论。

首先，城市延伸论。这一观点认为智慧乡村是智慧城市的延伸，即借助后者拥有的数字技术、信息技术等，建设有助于农村发展的智慧环境，促进农村规划的智慧化、农村建设的智慧化、农村管理的智慧化及农村服务的智慧化，是农村发展顺应信息化发展潮流的重要战略。智慧乡村应当与智慧城市相互协调、相互促进，需在农村建设过程中坚持智慧的理念，采取智慧的方法和手段，从而激发农村发展的活力，提升农村的吸引力。智慧乡村还应当关注城乡差异，立足于农村的具体定位和实际发展情况，确立具有农村特色的智慧乡村发展思路和建设重点，不能将农村建设成城市的样子，要保留农村的核心特征，同时要促进农村的信息化发展、多元化发展以及专业化发展。

其次，新兴概念论。这一观点认为智慧乡村是一个新的概念，与智慧城市之间有着明显的差别，是在信息技术和智能技术的基础上构建的农村发展新模式和新形态。持有此观点的部分学者提出，智慧乡村要以物联网为基础，最大程度地整合乡村资源并进行优化配置，构建一个没有城乡隔阂的全面发展的现代化新农村。也有部分学者着眼于数字化智能治理，认为智慧乡村要充分借助新兴科技，开展数字化建设，推动村民生活智能化。

最后，新技术运用论，即在农村全面、深入地应用各类新兴技术，全面推动"物联网＋农业""智能技术＋旅游""互联网＋乡村"等，以此为路径构建智慧农业、智慧旅游、智慧乡村。例如，将新兴技术应用于农业，借助传感设备、地理信息技术等全面感知客观世界，借助互联网技术、通信技术等构建物联网，实现对农业生产相关空间、设备等的监控、管理，提升决策的科学性。再如，将新兴技术应用于农村旅游，构建相关的信息平台，整合旅游资源并进行优化配置，开发智慧化旅游产品和服务，构建旅游管理信息化模式，打造农村旅游品牌，促进农村旅游行业发展。

关于智慧乡村建设，目前学术界普遍认同的一个观点为，智慧乡村建设是借助物联网技术、互联网技术、大数据技术等新兴技术，建设综合型农村、服务型农村，推动城乡协调和农村全面发展的过程。不同学者从不同视角出发研究智慧乡村建设，对其基本内容有不同的认识。部分观点立足于城乡发展一体化的角度，提出其基本内容为智慧农业、智慧农民、智慧医疗、智慧交通；部分观点立足于技术应用层面，提出其基本内容为智慧化的基础设施、民众应用、产业应用；部分观点参考智慧城市建设，按照乡村振兴战略要求，认为其基本内容为乡村产业、环保、建设、治理和服务的智慧化。

关于智慧乡村的实施层面的研究基本集中在四个层面，分别是政务优化、数据治理、多元共治、可持续发展。

首先，政务优化层面。若想顺利开展智慧乡村建设，首先要对其内涵和意义有一个全面深入的理解，前瞻性地制定建设规划和各类政策。政府要积极转型，从以管理为主转变为以服务为主，坚持为民服务、务实为重、清廉为公的理念，不将目光局限于新兴技术的应用与智能管控上，而是结合农村的具体情况，有目的、有计划、有层次地推动智慧乡村建设的开展。此外，加强农村基础设施的信息化建设，不断提升相关政策和规划的制定力度，一方面加强顶层设计和宏观规划，另一方面加强试点工作，积极鼓励地方结合当地情况自主创新，推进人才队伍建设，支持和引导社会资本、民间资本投入智慧乡村建设，加大财政投入力度，构建和健全政策支持体系，在不断的探索中，优化智慧乡村建设理论。

其次，数据治理层面。政府要以大数据驱动乡村治理各个层面和各个环节的创新，加强数据治理，一方面与各类科研机构、高校积极合作开展培训工作，创新治理主体的管理理念，使之树立数据治理理念，掌握数据治理的理论和方法；另一方面，进一步强化信息基础设施建设，为智慧乡村的数据治理提供硬件基础。

再次，多元共治层面。政府不是智慧乡村建设的唯一主体，还需要市场、社会力量的参与，应当积极构建此三者沟通合作的平台，推动市场和社会参与智慧乡村的建设和治理。在政府主导的基础上，以政策引导和支持市场、企业、民众等的参与。拓展民众参与渠道，通过民众讨论会、意见征集会等方式，激发民众的参与热情，引导和支持民众关注智慧乡村建设政务信息。以税收优惠政策、专项扶持政策等鼓励企业、行业、基金等投入智慧乡村建设。

最后，可持续发展层面。部分学者认为要想实现智慧乡村的可持续发展，就要坚持数字化、网络化和智能化融合道路，立足农村实际情况，坚持农村特色，强化政策扶持，积极进行试点工作，打造示范村，引导民营企业到农村投资，加大科技创新和人才建设。还有部分学者提出智慧乡村可持续发展的关键在于人才，应当针对智慧乡村建设需要的科技人才、农业人才、管理人才等加大培养力度，积极开展农村教育改革，以电视大学、网络教育等拓展农村人才培训教育途径，提升农村人才科学文化素养以及信息技术能力。与此同时，加强村干部培养，吸引农村高学历人才回乡及其他人才到农村发展，发挥村干部和高学历人才的带头作用，鼓励其组建互助小组，带动其他村民学习信息化知识。加强农村人才建设，积极培育新型农民和信息化人才，以此促进智慧乡村可持续发展。

4. 评价指标

乡村振兴战略的实施对于农村地区的发展及国家的发展而言具有重大意义，对于中国式现代化及民族复兴有着深远的影响，因此必须保证乡村振兴战略实施的有效性。为此，需尽快构建科学合理的评价指标体系，以动态评估和监测乡村振兴战略的实施情况，同时促进相应的监督和激励约束机制的构建和完善。

专家学者立足于各自的研究层面，选取了差异化的评价标准，提出了不同的评价指标体系。部分专家学者立足于国家层面构建评价指标体系，有的认为应当以产业兴旺、生态宜居、乡风文明、治理有效、生活富裕为一级指标，结合不同地区农村的实际发展情况明确一级指标的内涵与目标，并差异化地制定二级指标和三级指标，从而形成突出本地特色的评价指标体系。有的以产业兴旺、生态宜居、乡风文明、治理有效、生活富裕、农业农村优先及城乡融合发展为一级指标，并将之细化为 21 个二级指标、55 个三级指标，以利用此评价指标体系对国家整体的和各个地区的乡村振兴战略实施进度和农村发展水平进行评价。

部分专家学者立足于区域层面构建评价指标体系，针对不同的省份、区域等，采取实证分析、抽样调查等方式，了解该省份或区域的乡村振兴战略实施情况，针对当地农村的现实状况和特色等，构建了多种有针对性的、突出当地特色的评价指标体系。

还有部分专家学者不从地理角度入手，而是从乡村振兴战略的不同项目入手，针对产业振兴、乡村旅游等项目设计评价指标进行评价。

（二）国外乡村振兴理论研究

1. 苏联发展理论

20世纪50—70年代，我国受苏联农业经济发展思想影响，在实际的经济发展模式上也选择了"以工业为主导，以农业为基础"的经济发展战略。苏联的农村发展理论是计划经济的一大要点，其最基本特征是建立了统购统销制度，以农业支援工业化进程，其策略是为了完成"社会主义的原始积累"。苏联的农村发展理论主要有以下两种。

首先，协调发展理论。这一理论高度重视农民问题及工农联盟，认为农业是工业发展的基础，只有农业劳动生产率和商品率提升了，有了满足人民基本生存需求之外的剩余产出，工业才能够发展。并强调保护农民利益，认为以牺牲农民利益为条件的发展战略无法有效促进工业化，反而会威胁社会稳定和国家统治的基础。其提出，应当通过吸收存款、征税等方式来实现工业化的积累；基于市场机制制订经济发展计划，以市场的手段发展农村经济，同时保障其符合社会主义。协调发展理论主张，以农业发展促进工业发展，以工业发展反哺农业发展，促进农业经济和工业经济协调发展。尽管苏联没有始终贯彻这一理论，然而这一理论为我国经济建设提供了重要的理论指导。

其次，超工业化理论。这一理论主张，社会主义过渡阶段的经济发展中受到两个规律影响，分别是社会主义原始积累规律及市场价值规律。两者相互对立，并且调节范围不同，所以计划经济和市场经济也彼此对立。根据超工业化理论，国家应当采取垄断的手段，以一定的工业产品交换超出其本价的农业产品，同时向民营企业、个体户等非社会主义经济成分征收较高的税等，以硬性方式实现工业化积累。超工业化理论导致农业一定程度上成为工业化的牺牲者，为工业提供资金和劳动力，深刻影响了我国早期的社会主义建设。

2. 西方发展理论

1978 年，我国作出改革开放的伟大决策，开始进行市场经济体制改革，逐步构建社会主义市场农村经济体制，这一过程中主要吸取了西方发展理论的精华，尤其是如下两种理论。

首先，比较贸易理论。这一理论创始者为大卫·李嘉图，也叫作比较优势贸易理论。其强调，不同国家之间在生产技术上存在的相对差别和因此形成的成本上的相对差别是不同国家之间进行贸易的基础。所以，国家应当比较自己与他国的相对差别，选定具有比较优势的产品作为主要的出口商品，选择具有比较劣势的产品作为进口商品。比较优势贸易理论较好地对贸易产生的基础和贸易利得进行了阐释，是对绝对优势贸易理论的进一步拓展和深化。

其次，诱导创新理论。这一理论认为农村经济发展道路不唯一，不同地区的农村可以基于自身具体的要素禀赋探索出各自的经济发展道路。如地广人稀的农村应当推动农业生产机械化，走机械技术进步之路；地少人多的农村应当以生物化学技术提升产量，走生物化学技术进步之路。这一理论主张，农村中各项资源的配置应当由市场需求决定，仅仅应用先进的技术而忽视农村的发展基础，无法促进农村经济有效增长。

六、部分学术文献研究综述

（一）《近代中国乡村改造之社会转向》

19 世纪 80 年代后，农村社会学、农村经济学及社会（文化）人类学等理论从欧美国家和日本传入我国，进而演变为改造农村的社会运动。20 世纪以来的社会化思潮主张以社会化的途径寻求农村问题的根本解决，而广义的农村社会化或农村生活社会化实际上是要构建现代乡村文明，在社会视野下协调解决城乡与工农关系是中国解决农村问题不可回避的议题。

回顾中国近百年乡村改造和建设进程，以历史的眼光辩证地审视各派理论及实践，可得出以下结论：一是各派的实践与中国共产党的土地革命路线的"根本解决、彻底改造"有本质区别，而历史证明改良在中国是行不通的；二是唯有先取得新民主主义革命胜利，改变半殖民地半封建状态，完成社会化改造任务，才是中国唯一可行的正确道路，不可混同"改造"与"建设"，或以"建设"替代"改造"；三是任何无视土地分配问题的方案，都不能代表农民群众的愿望，唯有中国共产党土地改革和农村政策能代表广大农民的利益与诉求，获得广大群众的衷心拥护和支持。

（二）《改革开放 40 年中国农村发展战略的阶段性演变及其理论总结》

《改革开放 40 年中国农村发展战略的阶段性演变及其理论总结》回顾、梳理并总结了改革开放 40 年来中共中央、国务院关于农村的发展战略和实践，进行了阶段性划分，并在此基础上基于乡村振兴战略思考农村的进一步发展。

第一阶段（1978—1988 年），中国的农村发展战略可总结为以"家庭联产承包责任制"和"粮食产量战略"为核心的体制改革，是中国经济体制改革的起点，基本解决了全国人民的温饱问题。

第二阶段（1989—1997 年），可概括为"农业和乡镇企业并举"战略，或"米袋子""菜篮子""钱袋子"战略。其重点措施为稳定和完善土地家庭承包制、粮食生产和流通体制改革、大棚栽培和人工规模化养殖技术提高，将促进乡镇企业发展提升至国家农村发展战略高度。

第三阶段（1998—2003 年），可概括为"减负增收、粮食流通体制改革和小城镇战略"，其重点措施包括《中华人民共和国土地承包法》的颁布、税费改革、粮食流通的市场化改革、退耕还林、小城镇建设。

第四阶段（2004—2012 年），可概括为"三农"统筹、城乡统筹与新农村建设战略，该阶段我国继续稳定和完善家庭承包制，废除农业税，实施粮食直接补贴政策，抓农业质量和食品安全、"三农"统筹和城乡统筹、农村教育和农民素质，开展新农村建设。

第五阶段（2012 年至今），该阶段的重点是新一轮土地制度改革完善与乡村振兴战略，我国重新重视集体经济（股份合作制），强调赋予农民对集体资产股份拥有、收益、有偿退出及抵押、担保、继承权，同时进行高质量城镇化建设。

从农村发展战略和农村经济体制改革的过程中可提炼出一系列理论，包括土地家庭承包制作为不完全契约理论引申出的开放性契约理论，土地流转集中和工业化与城市化对农民长期利益的重要性，政府征地的"补偿与否"和"补偿标准高低"的理论解释，基于现实对农村土地"三权分置"（所有权、承包权、经营权）而非私有化的权衡，种粮直接补贴政策的效应等。

乡村振兴战略立足工业化与城市化的大背景，是对过往农村发展战略延续和提升的长期战略，其关键是人的振兴，兼顾农村与新型城镇化统筹。该战略自实施以来反映出一些问题，包括农民本身积极性不够、实施中对人本身的重视不够、基础设施建设效率低、"样板工程"现象、对乡村旅游过度重视等。

（三）《乡村建设与全面小康社会的实践逻辑》

乡村建设是全面小康社会建设的基础，也是我国全面小康社会建设中的重点与难点，小康社会建设和乡村建设重启同样是中国现代化建设及发展进程中的主要推动力。《乡村建设与全面小康社会的实践逻辑》将全面小康社会和乡村建设放在现代化与现代性分析框架中，以发展社会学视角进行讨论。现代性分析框架分为三个维度：价值维度、制度（政策）和结构维度、行动者主体性自觉及美好生活追求维度。这三个维度在实践中共存共生，相互支持，相互影响。

"小康社会"这一概念具有与时俱进的现代性价值内涵，其一直承载着引领改革开放后现代化建设战略的重任。乡村建设发展滞后对全面小康社会建设的影响不仅限于经济收入，也体现在生态、文明、社会、民主、健康等关键现代性价值上。

乡村建设的重点与难点主要在于对原有制度与政策的结构破解、创新及重塑上。在社会现代化过程中，中国面临独特的城乡二元社会体制（计划体制），在城乡二元经济基础上增生了城乡二元社会，因此精准扶贫是事关全面小康社会能否建成的关键性工作。尽管破除旧有的城乡不平等政策体制已取得一定进展，但距离乡村振兴和农业农村现代化目标的实现还有很长的路要走。

主体性自觉及美好生活追求维度上的目标让更多的人愿意留在乡村、投身乡村发展和建设，其实现基础是调动村民对美好生活的追求及切实让其感觉到能实现这样的追求，其中农村青壮年对乡村建设的主体性自觉至关重要。因此，乡村建设一大关键点是让人们重新发现乡村价值，让人们感受到在参与乡村建设中实现对美好生活追求的现实可能性。

（四）《从特色田园乡村实践探讨我国乡村振兴的路径》

改革开放后，快速发展的城镇化与工业化引发了中国乡村发展的变迁并带来一些问题。为了应对乡村发展问题，党的十九大报告提出乡村振兴国家战略，积极出台了一系列政策以推进新型城镇化和城乡关系重构。回顾进入21世纪以来的中国乡村规划建设历程，我国乡村建设经历了从基础环境整治阶段（2002—2011年）到人居环境改善阶段（2012—2017年），最后以乡村振兴战略为标志进入多元价值挖掘阶段。

工业化背景下的城乡发展是一个国际命题，各国走出了各具特色的发展道路。法国对不同类型乡村进行差异化的发展引导；德国通过政策体系让城乡居民享有同等生活条件；日本形成政府支持下村民主导社区营造组织模式。英国和德国重视产业发展与城乡融合的关系，日本和法国通过政策法规推动乡村发展。

江苏特色田园乡村实践取得了突出成效，各级政府部门建立了完整联动的工作机制来整合政策和资金，各方力量共同参与乡村建设，将创新与增收相结合，实现乡村致富。

在乡村振兴中，应引导城乡之间各类要素双向流动以实现融合发展，注重片区多村联动、区域一体化的整体振兴。推动乡村振兴需要集体经济组织、国有企业、政府等多元主体协调共进，在改善物质环境的同时形成现代化多元乡村治理模式。

（五）《基于"共同缔造"理念的乡村规划建设模式研究——以溧阳市塘马村为例》

"共同缔造"理念在我国乡村建设领域多有涉及，溧阳市作为江苏省乡村振兴的"排头兵"，在"共同缔造"理念的实践中作出了突破性探索。溧阳市乡村共同缔造工作机制起步较早，纵向上"上下结合、层层递进"，横向上"内外同步、多元一体"，以村庄建设发展平台公司为核心实现共同缔造。

塘马村作为江苏省省级特色田园乡村试点，引入多元主体参与建设，通过"共同缔造"的"五共"核心理念（多主体共谋、陪伴式共建、睦邻社共管、多层次共评、全要素共享），实现了全面乡村振兴。

在多主体共谋方面，溧阳市联席办牵头成立塘马联合设计工作组，国企牵头搭建村庄建设发展平台公司，明确发展路径，形成高效稳定的自我运作模式。在陪伴式共建方面，分为陪伴式服务和陪伴式设计。塘马陪伴式共建队伍包含设计联合体、施工联合体和村民，全程共同工作，塘马村的村庄设计以营造睦邻空间为出发点，在原有村庄空间基础上进行微改造，使用乡土材料、植入文化内核。在睦邻社共管方面，塘马"睦邻社"通过"九个朋友圈""百姓议事堂""睦邻管家"三项突破性制度，将村民纳入乡村自治体系。在多层次共评方面，塘马村规划建设积极参与省级与市级各类乡村评比工作，同时制定"自下而上"的乡村自评制度。在全要素共享方面，塘马村将村庄空间与外来人群共享，创立战略基地，创造性引入"我家自留地"的田园共享模式以兑现闲置土地的经济价值。

（六）《基于小农户生产的扶贫实践与理论探索——以"巢状市场小农扶贫试验"为例》

当前，中国扶贫工作的重点在于深度贫困地区和深度贫困人口，且其主要是小农户，而生产扶贫或产业扶贫是最重要的举措，但产业扶贫在带动小农户脱贫过程中常遇到一些瓶颈。在产业扶贫难以覆盖或不适合的情况下，能够将贫困小农户的生产与现代社会需求相联结的多元扶贫新机制成为探索方向。"巢状市场"是一种小农户与城市消费者建立直接链接的主流市场之外的新兴市场形式，中国农业大学研究团队自 2010 年起在河北省太行山区的青林乡开展的"巢状市场小农扶贫试验"具有代表性。

"巢状市场小农扶贫试验"的目标是通过发展适合贫困小农户特征的"另一种产业"（以农户所拥有的生计资源为基础调动农户的主体性和能动性）和创造将农村贫困生产者与城市普通消费者直接联结起来的"另一种市场"（在农村生产者与城市消费者之间形成的直接对接、实名、有相对固定边界及具有一定认同和信任的食物消费市场，即"巢状市场"），来探索瞄准深度贫困人口的"另一种生产扶贫方式"。以青林乡柳村的实践为例，研究团队通过推动村庄内部的组织与合作和对城市消费者群体的动员与拓展，形成了以农产品为核心的相对稳定的"生产—消费"对接关系和相对固定的消费者群体。

从市场特点来说，"巢状市场"与伴随全球化过程兴起并扩张的主流市场（以下简称"无限市场"）不同，不存在"食物帝国"等中间环节的控制，而是旨在建立食物生产者与消费者的直接对接，创造一种生产者（直接从事农业生产和产品加工的无数个个体小农）与消费者共同拥有、合作互惠的地方性市场，食物价值链的收益绝大部分归个体小农所有，生产者与消费者具有共同的价值基础和目标定位，人与人之间建立起基于使用价值关系和信任关系的市场。

无限市场的"产业扶贫"和巢状市场的"小农扶贫"两种生产扶贫方式，前者主要依赖来自村庄内部或外部的产业资源，采用农业企业的生产模式，提供高度专门化的"一村一品";而后者主要依赖贫困小农户的生计资源,采用小农农业的生产模式,通过"巢状市场"向城市消费者提供"一村多品"。

试验证明,"巢状市场"小农扶贫可以成为更精准的扶贫和乡村振兴模式,带动贫困小农户脱贫增收,贫困户能够普遍参与,收入稳定而持续,促进城乡关系和谐发展,同时改善村庄文化和生态环境,是小农户与现代社会有机衔接的一种创新和探索。

(七)《都市近郊区乡村振兴规划探索——全域土地综合整治背景下桐庐乡村振兴规划实践》

都市近郊是指与都市主城通勤在 1 小时左右的交通圈范围内区域,是美丽乡村建设的代表区域,也是城乡融合发展的前沿地区,其间城乡要素流动频繁,机遇与问题并存。在当前乡村振兴大背景下,都市近郊成为乡村振兴的热点地区,社会资本与诸多发展要素进入,体现出明显的城乡融合发展态势。

浙江省提出"全域土地综合整治与生态修复工程",对乡村资源进行梳理整合和优化利用,以支持乡村振兴战略的实施。桐庐距离杭州主城 1 小时左右车程,是中国美丽城乡教育培训中心所在地,极大承接了都市人流与资本,受市场的推动,"自下而上"发展的动力强,加入了杭州世界名城的共建,形成双向流动、互为融合的新型城乡关系。

尽管桐庐拥有与杭州和长三角旅游市场一样的交通优势及优质的自然文化资源,但其资源未做整合,缺乏使资源有效激活、要素有效流通的转化通道,同时发展上存在地域不均衡、发展不全面、人口持续外流的问题。碎片化的乡村土地空间、规划立项审查烦琐,以及土地权属判定、闲置资产再利用困难等都制约了桐庐的乡村发展。

在未来的乡村振兴规划路径与对策上,桐庐应基于优势条件发展"通道共建+服务共享"的乡村振兴模式。一是通过加强与杭州互动搭建顶部通道项目库,在底部通道梳理承接空间,以实施通道对接转换、资源的激活与转化；二是在服务共享方面突出城乡融合发展的理念来进行发展建设。

桐庐应以"美丽经济、全域景区、人人文明、崇德尚法、幸福向往"五大要素为核心进行综合发展。"美丽经济"重点围绕保障经济、特色经济、旅游经济、服务经济、数字经济、创新经济和集体经济等七大美丽经济，开展乡村产业的多元化建设；"全域景区"注重将景区资源串联进行建设；"人人文明、崇德尚法、幸福向往"注重围绕古迹保护、智慧农村、公共服务开展乡风治理工作。

在当前国土空间规划控制总量、优化增量、盘活存量、释放流量、实现减量的发展要求下，乡村振兴规划必须以全域整治的手段优化资源布局，其重点工作包括：以保生态、重生产、控建设为导向，统筹协调"三区三线"进行规划；通过全域土地综合整治优化土地利用结构、空间布局等；探索适合坡地村镇建设的空间。在乡村振兴规划中，应注重以实施为导向，兼顾制度设计和规划技术方法创新，在政府推动、村民主体参与的同时强调上下联动，实现"自下而上"的自主发展。

第三节 劳动教育赋能乡村振兴的时代价值

以劳动教育赋能乡村振兴，有助于促使受教育者更加全面和深入地了解农村、了解农业、了解农民，有助于树立劳动美德、发展劳动智力、增强劳动体质、培育劳动审美，为乡村振兴储备人才，有助于促进乡村振兴目标的实现。

一、树德：培育劳动价值观，内化振兴乡村之劳动美德

《乡村振兴战略规划（2018—2022年）》（以下简称《规划》）指出，乡村振兴战略的实施必须重视道德教化，引导广大农民形成良好的道德和积极的价值观。德是立人之本，是兴国之基，对于乡村振兴而言，德具有基础性意

义。劳动教育具有德育价值，能够培养受教育者的劳动价值观和劳动美德，有助于形成良好的社会风气，从而实现乡风文明的目标。在经济体制改革深化，社会经济持续快速发展的同时，城乡之间存在的经济发展失衡和教育发展失衡问题越发严重，农村学子以走出乡村为目标，不愿意回乡投入乡村振兴建设，甚至农村的主要劳动力也纷纷进城务工，导致乡村空心化和老龄化问题严重，人才缺乏问题严重，迫切地要求培育劳动价值观，培育劳动美德，唤起人才建设乡村的意愿。所以，应当积极开展劳动教育，发挥其树德的功能，培育受教育者劳动光荣的价值观念，塑造其劳动美德，使之树立建设乡村的志向，将个人价值的实现与社会价值结合，将个人事业与乡村振兴相结合，培养有志于乡村振兴的尊重劳动、热爱乡村的人才。

二、增智：提升劳动智力，蓄积振兴乡村之技术力量

《劳动在从猿到人转变过程中的作用》一书揭示了劳动的增智价值。《关于实施乡村振兴战略的意见》指出，乡村振兴必须依靠人才，必须加强人才建设。应当高度重视人力资本开发，构建和拓展畅通的渠道来促进技术人才、管理人才等下乡，吸引和鼓励广大的人才投入乡村振兴事业，发挥劳动教育的增智价值，并将之与人力资本开发相结合。我国是农业大国，农村孕育了无数的能人志士，积淀了上千年的文化智慧，为广大人才提供了广阔的实践空间。劳动智力缺乏必然会导致乡村资源无法得到充分的利用，导致乡村人才力量和技术力量缺乏，造成乡村振兴后续发展乏力。劳动教育赋能乡村振兴，充分利用劳动教育的增智价值，一方面有助于促进个人智力的提升，促进个人劳动技能的发展，另一方面有助于创造性劳动成果的产出，如研发出更多的农业设备，蓄积振兴乡村的技术力量。

三、强体：增强劳动体质，拓宽振兴乡村之康健路径

乡村振兴战略的持续深入推进需要充分的战略定力和耐心，需要真抓实干、砥砺前行、持续发力。身体是革命的本钱，劳动教育赋能乡村振兴有助

于增强个人的劳动体质，使之能在乡村建设事业当中投入更多的时间和精力，增进经济收益，还能够全面改善农村群众的身体素质和精神面貌，促进乡村治理水平提升，改善乡村生态环境等。但是，当下我国群众整体健康水平较差，体质、体能不佳，这很大程度上是因为群众对于自己的体质没有形成充分的认识，也就没有形成充分的健康意识。劳动可以使人更加深入地认识自己，也是健康意识形成的必要途径。缺乏劳动容易导致亚健康，而只有在大量的体质健全的劳动者的参与下，乡村振兴才能够深入、持续、长远地推进。所以，劳动教育要积极发挥强体价值，培养劳动者健康的体魄，保障乡村振兴的持续推进。

四、育美：培养劳动审美，优化振兴乡村之人居环境

乡村振兴的一大关键在于生态宜居，这就要求乡村振兴以"乡村美与生态美相统一"为目标，积极建设环境优美、适宜居住、生态良好的乡村人居环境。为此，应当提升乡村振兴建设者的审美素养。至今仍有很多人没有认识到劳动教育所蕴含的美育价值，实际上，人的审美与劳动之间有着密切的联系。劳动具有社会性、实践性及创造性，这些特性赋予了其培育审美素养的价值。根据马克思主义审美观，人关于美的认识和评价标准不是单纯依赖于思维而产生的，人的审美观念来源于劳动实践，驱使人在劳动中不断创造美，不断追求美好生活。如今，生产力获得了极大发展，社会物质条件十分丰富，人们的生存需求得到了满足，更加关注社会性需求、审美性需求和发展性需求。开展劳动教育，发挥其美育价值，能够使人培育审美能力，在劳动中获得更多的快乐，通过劳动发挥自己的创造力。所以，劳动教育赋能乡村振兴，有助于使人在田间劳动、乡土手工艺制作等劳动中感受乡村生活的美好，同时促进人发挥自己的创造美的能力，以自己的审美改造乡村，构建更加美好的乡村人居环境。

第二章　大学生劳动教育发展历程

本章介绍了大学生劳动教育发展历程，具体分为以实现人的思想改造为主的阶段、为全面适应现代化建设人才需要的阶段。

第一节　以实现人的思想改造为主的阶段

一、大学生劳动教育的政策

1949 年，新中国成立前夕，政协第一届全体会议制定通过了《中国人民政治协商会议共同纲领》，作为我国的临时宪法。其对我国教育作出了明确的定义，即民族的、科学的、大众的文化教育，同时提倡了五项国民美德，即爱祖国、爱人民、爱劳动、爱科学、爱护公共财物。其中，"爱劳动"是全体国民五项公德中的重要一项。

同年年底，首次全国教育工作会议开展，确定了我国的教育方针，即为工农服务，为生产建设服务。次年，北京召开了首次全国高等教育会议，经过讨论确立了理论联系实际的教育原则，同时要求改革高校准入制度，要求高校重视工农生产劳动，大力培养工农出身、服务于工农生产的社会主义新人才。由此，我国社会体力劳动与脑力劳动开始从分离对立走向结合统一。《关于改革学制的决定》于 1951 年出台，要求学校在教育实践中重视生产劳动，将教学与生产劳动结合。

《关于全国高等学校 1952 年的调整设置方案》颁发后，全国各地高校积极响应，按照方案进行了一连串的调整，到次年秋，我国大致形成了两种大学体制，即综合大学和单科院校，形成了"大学—系—教研组"的学校内部组织。此外，还形成了一系列教学制度，如以专业培养目标为依据，制订统一的教学计划和大纲，基于此进行预习、课堂教学、生产实习、毕业论文等教学活动。从此，高校将生产实习作为人才培养计划中的重要环节，这也成了教学与生产劳动结合的主要形式。

二、大学生劳动教育的核心问题

在这一阶段，我国劳动教育正处于初创期，在理论探讨层面，多是对劳动教育一般理论进行研究。教育工作者积极学习苏联劳动教育理论，系统借鉴苏联劳动教育的内容、体系，进行我国劳动教育的建构，呈现出了"以苏为师"的理论底色。出版了一系列介绍苏联劳动教育理论和实践的书籍，如1950 年出版的《社会主义的劳动与劳动纪律》、1956 年出版的斯卡特金的《综合技术教育和劳动教育》等。20 世纪 50 年代的苏联，凯洛夫的教育思想占主导地位，为了系统地学习苏联的教育制度，《人民日报》于 1949 年 11 月14 日发表了节译的凯洛夫主编的《教育学》（1948 年版）第 21 章《国民教育制度》，继而又连续发表了第 12 章《劳动教育》。凯洛夫的教育思想不但对这一时期我国教育体系的形成产生了重要影响，而且对劳动观和劳动教育的目的、实施途径等产生了重要影响。

（一）劳动观

凯洛夫深入学习和吸收了马克思主义精华，形成了自己的劳动观，他主张教育源于劳动，两者密不可分。在劳动活动过程中，人会逐渐学会劳动知识和技能，并且形成劳动观念以及道德素养，换言之，劳动过程就是道德形成的过程。

社会主义国家必须开展劳动教育，以培养共产主义社会建设者。苏联学校教育根本上说是为了培养全面发展的人，以及共产主义社会建设者。所以，各级各类学校都要将劳动教育作为基本工作。凯洛夫还指出为了培养全面发展的人，必须构建体育、智育、综合技术教育、共产主义道德教育、劳动教育和美育相结合的完整的教育。

（二）劳动教育的目的

凯洛夫指出，社会主义建设阶段，劳动教育的目的在于培养学生的共产主义劳动态度，即让学生最大化地将个人才能与精力投入到共产主义社会建设当中。共产主义劳动态度主要体现为尊重劳动、热爱劳动、自觉投入建设事业并在事业中不断创造，具有极高的劳动纪律和修养。经过劳动教育，学生在评价同学时，会以其劳动态度为首要依据，关注其具体行为，而非言论。在评价个人道德时，以劳动态度为重要标准。

（三）教育与生产劳动相结合的途径

凯洛夫主张将劳动制度融入学校教学。为了有效培养学生的共产主义劳动态度，学校必须全面深入开展综合技术教育，全面深入开展劳动教育，必须将教育与生产劳动充分结合。凯洛夫所说的综合技术教育，与单一专业技术教育相对，类似于今天的通识教育，是教授一般的现代生产基本知识和技能的教育。凯洛夫所说的劳动教育，指的是通过学习、志愿服务和日常生活中的劳动来培养学生共产主义劳动态度的教育。需要注意的是，劳动与学习并非分离对立的，学习属于脑力劳动，也是劳动教育的重要形式。

在以实现人的思想改造为主的阶段，凯洛夫的劳动教育观深刻地影响了我国的大学生劳动教育的理论和实践。

三、大学生劳动教育的开展

（一）实践性劳动：勤工俭学

这一时期，勤工俭学主要是为了培养学生的劳动态度和劳动观念。其基本活动内容有在校内外开展的工农业生产劳动、农村副业和手工业生产、基础建设和运输业劳动、服务性劳动等。此外，这一阶段，在教育行政部门的倡导和主导下，全国各地的各级各类学校纷纷组织了各类勤工俭学主题的展览会、汇报会等活动，对外展示了学生的优秀劳动作品以及勤工俭学成果等。

（二）实践性劳动：生产实习

为了提高大学生生产劳动的技能，生产实习被纳入课程计划。如清华大学土木系在 1953 年特聘苏联专家萨多维奇教授指导教学计划修订工作。以工业与民用房屋建筑专业为例，该专业在生产实习方面，第二学年和第三学年分别为 4 周和 8 周，而第四学年为 5 周。第二、第三学年的生产实习是大学四年的主要实习活动，学校安排学生到项目工地作为助理工程师全方位、全过程地了解甚至参与工程建设的主要操作和组织计划。第四学年则是安排学生进入工地调查和收集各类资料，以便完成毕业论文。

1953 年，教育部开始开展各地高校统一教学计划的制订工作。同年 8 月，北京召开了全国高等工业学校行政会议，明确提出尽快制订各专业统一的教学计划，以便更好地完成专业人才培养目标。展开来说，四年制本科学校每个学期通常应安排 8 门及以下的课程，至多可安排 9 门；每周学时数应平均为 32 学时，并且其中讲授学时占比应当为 55%及以下。二年制专修科学校每个学期通常应安排 7 门及以下的课程，至多可安排 8 门。在教学总时数上，四年制本科学校约为 3 600 至 3 800 学时，二年制专修科学校约为 2 000 学时。此外，各类高校都要安排教学实习、试产实习以及毕业实习。

（三）社会公益劳动

这是大学生教育劳动的主要形式之一，指的是为社会进行的无偿劳动、义务劳动。例如，无偿清扫街道、无偿绿化校园、无偿帮助农民割麦子和掰玉米等等。社会公益劳动有助于学生毕业后更好地参与生产劳动，以及培养良好的劳动态度。

四、阶段特征

新中国成立初期，培养"为工农服务，为生产建设服务"的社会主义劳动者是这一时期劳动教育的重要目标。通过劳动教育培养学生"爱劳动"的国民公德。在关于劳动教育的一些核心问题的把握上，多以苏联经验为基础。大学生劳动教育的开展，以勤工俭学等实践性劳动为主要方式，更多地关注劳动"生产性"。

随着 1956 年社会主义改造基本完成，我国开始进入全面探索社会主义建设时期。1957—1965 年为大学生劳动教育的全面探索时期，是摸索发现、曲折前进的八年。

1952—1956 年，我国教育方面全盘学习苏联教育经验，十分重视科学知识的教学，一定程度上出现了忽视思政教育、忽视劳动教育的现象。很多高校的教师和学生只关注专业课教学，对于政治不了解也不关注，缺乏参与生产劳动的意愿，尤其抗拒参与农村劳动。1957 年，我国不再完全学习苏联教育，而是参考其教育经验，结合我国实际情况，探索本国的劳动教育道路。1958 年初，《工作方法六十条（草案）》公布，其明确要求各级各类学校开展生产劳动，将劳动作为学校教育的重要内容，例如，所有工业类高校中能够开展生产活动的实验室或者附属工厂，不仅要满足教研需要，还要尽可能地生产，并且可以安排师生参与当地工厂的生产劳动并与之签订相应的合同；所有的农业类院校的师生不仅要在本校农场进行生产劳动，也可以参与本地农业合作社的生产劳动并签订相应的合同；所有有土地的大中小学都要开办农场并以此为载体开展劳动教育，没有土地但是位于郊区附近的则联系附近的农业合作社并以此为载体开展劳动教育。总而言之，高校必须开展劳动教育，安排学生到工厂或者农业合作社参与生产劳动。

1961 年，《教育部直属高等学校暂行工作条例（草案）》（以下简称《高教六十条》）公布，其对于大学生劳动教育的发展具有深刻而长远的影响。其详细说明了生产劳动的目的在于帮助学生养成劳动习惯，使学生走进工农群众，团结和学习工农群众，尊重体力劳动和体力劳动者，并且落实理论联系实际的教育原则。此外，其明确指出生产劳动的形式主要为校内外的工农业生产以及其他体力劳动。

次年，高等工业学校教学工作会议领会和贯彻《高教六十条》的文件精神，制定了《教育部关于直属高等工业学校本科（五年制）修订教学计划的规定（草案）》，明确地规定了由教育部主管的五年制高等工业学校本科在制定和修改教学计划时应当遵循的原则及教学中应当进行的具体工作。例如，其明确了各项教学任务的教学时间：学校应当在前九个学期安排总共 143 周及以上的理论教学时间；应当每学年安排 3～4 周的考试时间，并且其总时间应为 14～18 周；应当安排 12～20 周的实习时间，并且体力劳动的时间不包含于生产劳动时间内；应当安排 14～20 周的毕业设计或毕业论文创作时间；应当安排 20 周的生产劳动时间，并且其中一半时间应为社会公益劳动。

（1）劳动观

劳动具有重要的育人价值，一方面，可以避免学生"死读书"，为其提供运用知识的机会，使之学以致用；另一方面，可以有效地实现思想改造，确保教育与生产劳动、社会实际相结合，避免知识分子脱离群众。只有通过教育与生产劳动结合的途径才能够培养出全面发展的人。通过劳动，个人能够学习更多的生产知识，养成良好的劳动习惯，塑造正确的世界观。

（2）劳动教育的目的

将劳动教育定性为无产阶级的思想教育活动，劳动在本质上是对人们进行思想政治教育的活动。思想教育蕴含于劳动过程之中，教育中的劳动可以称为无产阶级思想的塑造活动。劳动教育的目标是把大学生培养成有工农感情，能从事工农业劳动的知识分子。

（3）教育与生产劳动相结合的途径

大学生劳动教育的途径：一是教学中加入生产劳动的环节，这样可以根据劳动需要，精简一些并非必要的内容，完善教学内容，提高教学质量。二是以半工半读的方式实现教学、科学、生产劳动三结合。提高教学工作和科学研究工作效率的一个极其重要的关键是实行教学、科学、生产劳动三结合。生产劳动如果能密切配合教学，就能使学生所学的书本知识和实际理论结合，这就提高了教学质量；生产劳动如果能与科学研究结合，从生产中发现研究的问题，用科学研究来解决问题，把研究的成果应用到生产当中去，就能提高科学研究工作的质量。增加生产劳动的分量，实行半工半读，才能进行三结合，才能互相促进，互相提高。

这一时期，各高校在大学生劳动教育上，不断探索，除勤工俭学外，大学生劳动教育形式的特点体现为实践性劳动的进一步强化，探索性劳动逐步开始兴起。而这些形式的背后，则是劳动教育与高等教育特殊性结合的尝试与探索。

（1）实践性劳动与专业学习的结合

20世纪60年代初期，是劳动教育的过渡时期，当时劳动过多，削弱了基础理论教学，严重挫伤了一批教师的积极性，也错误地引导学生偏离了"以学为主"。为了保证学生的学习效果，很多高校延长了学制。

由于高等教育的特殊性，教育与生产劳动相结合有其自身的特点，除了参加勤工俭学、半工半读、下厂下乡等，这一时期大学生劳动教育的一个重要实践形式就是在校办工厂进行生产劳动。在学校大办工厂是教学结合生产劳动，提高教学质量，培养德才兼备人才的最有效的措施。

各高校都结合自己的专业特色，创办工厂，大学生在校办工厂生产劳动，既能解决教育经费问题，又能在生产劳动中实现理论与实践的结合。这一时期，北京钢铁工业学院（现为北京科技大学）基于石景山钢铁厂并整合与借助校内资源专门为本校修建了小钢炉及炼钢车间以供学生参与生产劳动；中国人民大学新闻系和经济系分别建立了印刷厂和机床厂，作为教育与生产劳动结合的载体；农业大学通常利用本校土地资源设置农场和试验田，还利用假期时间安排师生到农村进行生产劳动；医科大学多数到农村创办医院、诊所，安排师生治病看诊，以及参与当地的农业劳动。

毕业设计既是人才培养的重要环节，又是学生将系统的理论知识运用到实践中的重要途径。这一时期，高校非常重视毕业设计环节，并努力将其与社会生产的现实需要相结合。以清华大学为例，其安排 1958 届水利专业和机电专业全体 200 余名学生参与密云水库工程设计，以此作为自己的毕业升级。教师多次带领学生到现场进行全面、深入的勘察，收集和了解各种地理信息和施工材料的存放和运输距离等信息，结合现实状况开展设计工作。师生面对工程设计中出现的种种问题，进行了大量的科研工作，开展了至少 30 项试验，在解决实际问题的过程中更加深入地理解和掌握了所学知识，同时学习了很多课本之外的知识。全体学生最终完成了密云水库的初步设计，实现了专业水平、实践能力、科研素养、思想政治素养的全面提升。这一经验在全校范围内迅速普及，同年的 1 400 多位毕业生大多数的毕业设计都是在生产劳动中完成的。

（2）科学研究与生产劳动的结合：探索性劳动

在教育与生产劳动相结合的过程中，一些高水平大学开始结合高等教育的特点，以科学技术为结合点，使教育与生产劳动实现有效结合，从而达到相互促进的目的。

例如，1958 年，清华大学在党中央的指导下，开始筹建原子能反应堆及以此为中心的教研产联合基地，并将此与工程物理系的教学结合，安排青年教师及高年级学生参与此次科研工作和生产劳动，兼顾了科研任务和教学任务，使学生在任务中得到了充分的学习和训练。原子反应堆的建设不仅要求师生掌握较高的科学知识和技术，还要求他们进行实际的劳动，在六年的学习、科研和劳动中，师生用不懈的努力成功地在 1964 年高质量地完成了原子反应堆的建设工作。这是我国首台完全自主建设的原子反应堆，清华大学不负所托，完成了国家交付的任务。同时，也以此为载体将学校的教育和生产劳动有效结合，培养了大批优秀人才，建设了新的专业。依托于筹建原子能反应堆的任务，清华大学 700 余名学生完成了毕业设计，900 余人参与了生产实习，在 37 项技术上获得了突破，成功研制出 67 种新仪器设备，开设了 3 个新专业，初步建设出一支能够研究、设计、部分施工、调试和运行原子反应堆的技术队伍。

这一阶段劳动教育的政治意义、经济意义和认识论意义被提升到了前所未有的高度，大学生劳动教育的内容主要包括劳动情感和劳动知识与能力。"教育与生产劳动相结合"是主线，大学生劳动教育的开展形式也开始丰富，并逐渐体现出大学生劳动的特点，即除了实践性劳动外，探索性劳动开始出现。这些劳动形式，为后续劳动教育的发展奠定了重要基础。

第二节　为全面适应现代化建设人才需要的阶段

党的十一届三中全会后，我国进入了改革开放和社会主义现代化建设的历史新时期，人们对教育的属性和功能有了新的认识，把教育放在优先发展的战略地位，重视教育与经济发展、社会全面进步的关系，要求教育全面适应现代化建设的人才需要，提高劳动者素质。大学生劳动教育进入恢复与发展阶段。

一、大学生劳动教育的政策

1978 召开的全国教育工作会议强调结合国家发展的新形势、新条件进一步坚持和落实教育与生产劳动结合的方针，要求劳动教育适应当下的教育发展需求以及社会经济发展需求，要求劳动教育跟上科技发展的脚步、跟上时代发展的脚步，不断创新内涵和要求；要求劳动教育结合学校实际情况及学校学生的实际情况科学合理地制订教育内容、设计教育形式。

1980 年召开的全国教育工作会议进一步解释说明了教育和生产劳动结合的内涵。在马克思主义理论的基础上，坚持和落实理论和实际结合的原则，对教育和生产劳动结合进行全面的认识和透彻的分析，不可将之片面地解读成只进行体力劳动而不学习，忽视学习作为脑力劳动的价值和功能。

改革开放后，我国确立了"一个中心、两个基本点"，开展社会主义现代化建设，这对劳动者的素质提出了较高的要求，对教育提出了迫切的需求。1985 年发布的《关于教育体制改革的决定》强调，为了完成社会主义现代化建设，必须大量培养坚持社会主义方向的各种类型、各种层级的合格人才，同时各个行业都要培养有文化素养的、具有良好技术能力的、业务熟练的劳动者。次年发布的《关于第七个五年计划的报告》强调，全国各个学校应当坚持和落实全面发展的人才培养方针，结合本校办学特色加强劳动教育，并且将首要任务定位于提高教学质量、培养合格人才。

1993 年颁发的《中国教育改革和发展纲要》明确要求，全国各地的所有学校在工作中必须坚持和落实教育服务于社会主义现代化建设的方针，落实教育与生产劳动结合的方针，培养全面发展的社会主义现代化建设者和接班人的方针。高校任务重大，必须全力培养符合社会经济发展需求的高级专门人才，积极发展科技文化，发挥促进现代化建设的作用。高校要积极革除专业单一的弊病，结合本校情况建设新专业，丰富专业体系，拓展专业业务范围，在教学中重视和强化实践教学和实践训练，积极与企业、行业协会等合作，全面推动教研产结合，以此拓宽专业口径，培养多元化人才，满足现代化建设对人才的多样化需求。

1995 年，《中华人民共和国教育法》正式颁布，在法律层面上明确了"教育必须与生产劳动相结合"方针。

1998 年，《面向 21 世纪教育振兴行动计划》颁布，要求各级各类学校加大力度开展和优化德育工作，全面开展劳动技能教育和心理健康教育，以有效地培养学生的道德品质、积极心态、健康心理，其将劳动教育作为德育的重要途径而要求学校开展。

次年，《关于深化教育改革全面推进素质教育的决定》下发，要求所有学校开展素质教育，并将劳动教育作为促进学生全面发展的重要教育形式和途径，要求各地学校进一步推进和优化劳动教育、实践教育，为学生的全面发展提供充分的教育资源以及良好的环境，推动我国教育从应试教育转变为素质教育。其将劳动教育作为培养全面发展的人才的重要途径而要求学校开展。

2010 年，《国家中长期教育改革和发展规划纲要（2010—2020 年）》颁布，要求以能力培养作为教育的重点。强调各级各类学校改进学生知识结构，安排多元化的社会实践活动，加强对学生能力的培养工作，重点培养和发展他们的学习、实践、创新等能力，使他们掌握基本的知识技能，善于动手，勤于动脑，学会生活，学会做人，帮助学生更好地适应社会、成长成才。坚持和落实理论教学和实践活动相结合。进一步强化劳动教育，培养学生正确的劳动价值观和劳动精神，使之尊重劳动、热爱劳动、热爱劳动人民，劳动教育的内涵与目标得以具体和明确。这一阶段塑造了有利于劳动教育开展的教育环境和社会环境，推动了劳动教育从理论层面落实到实践层面。

二、大学生劳动教育的核心问题

（一）劳动观

党的十一届三中全会作出了改革开放的重大决策，将党的工作重心转移到经济建设上来，教育界全面而深入地讨论和研究了脑力劳动和体力劳动的关系、教育与生产劳动的结合，以及劳动教育在全面发展教育体系的地位等。脑力劳动逐渐得到人们的正确认识和定位，教育与生产劳动相结合被放到了现代化建设的层面进行阐释。社会生产的发展要求必须将教育和生产劳动相结合，这也是从根本上实现人的全面发展的方法。

21世纪开始，我国进入了全面建设小康社会的新的发展阶段。劳动的创造价值高度彰显，只有劳动，才能创造先进生产力和先进文化，只有通过发展各种形态的劳动，才能实现最广大人民的根本利益。

（二）劳动教育的内容

这一时期，社会经济、科学技术等的快速发展，对劳动者提出了更高的要求，劳动者必须具备较高的科技文化知识和技能水平。在"三个面向"（面向现代化、面向世界、面向未来）和"四个现代化"（工业现代化、农业现代化、国防现代化、科学技术现代化）的指引下，劳动教育在这一时期丰富了自身的内容。这一时期，以马克思主义劳动观为指导，将劳动教育上升到促进人的全面发展的高度。

重视劳动的"教育性"问题，劳动教育包含在德育、智育和美育之中。劳动教育的内容包含两个部分，分别是劳动知识与技能的教授，以及思想道德的培养。例如，黄济先生提出劳动教育的基本任务为劳动技能培养和思想品德教育，并主张学校从这两个方面开展劳动教育。

（三）新条件下教育与生产劳动相结合的途径

这一阶段，教育界、学术界十分重视"教育与生产劳动相结合"的研究，围绕这一主题进行了一系列学术会议。经过研讨，学术界充分肯定和认同了劳教结合要坚持大教育思想，坚持教育与生产劳动的双向结合。

大学生劳动教育要坚持教育与生产劳动相结合，并且以满足教育与经济发展需求，跟上教育与经济发展脚步为首要任务。高校必须结合社会经济的实际发展情况和需求来调整办学规模、开设长线与短线专业、设置课程体系等等。同时，大学生劳动教育要坚持"科学技术是第一生产力"，以科技为载体和入手点实现教育与生产劳动的结合。除此之外，高校要立足校情坚持和落实理论与实践相结合的原则。

（四）劳动教育与大学生文化素质教育

进入 21 世纪后，在"大学生文化素质教育"的引领下，劳动教育获得深入发展。

之前的教育过于强调知识传授，没有对学生思维、能力、方法的培养予以足够的重视，忽视了对学生思想素质的培养；高校分学科教学的模式造成了人文教育与科学教育之间、学校教育与社会实践之间的相互分离和脱节。自 1995 年开始，教育部逐渐要求和组织高校强化文化素质教育工作，以恢复和维护教育的整体性。

我国已经基本构建了完整的高等教育体系，并将文化素质教育作为其中的重要组成部分。其包含课堂教学和课程，以及校园活动与社会实践。社会实践是大学生文化素质教育的重要内容和重要途径，它包括社会调查、校外基地实习、服务社会的活动等。因此，劳动教育是大学生文化素质教育的重要支撑内容与途径，对于激发学生思维，发展学生实践能力与创新能力，提升学生文化素质具有重要的意义。

三、大学生劳动教育的开展

这一时期，伴随着"三个面向"及"科学技术是第一生产力"提出与实施的背景，在高校已有的探索与经验的基础上，大学生劳动教育的内容和方式进一步丰富。

（一）实践性劳动

（1）社会实践活动的针对性不断提升

社会实践活动是实践性劳动的重要形式。从 20 世纪 80 年代初期开始，高校就根据大学生的特点和高校所在区域的社会经济发展水平与特征，有针对性地开展社会实践，使学生在实践中不断提高专业能力、实践能力，同时，也更好地实现了高等教育与社会经济的和谐发展。

（2）社会实践活动的形式不断丰富

在劳动教育不断发展的过程中，高校社会实践活动的形式不断丰富，组织性不断加强。社会实践活动按照内容可以分为教育型、服务型、文化科技型、社会调查型、劳动锻炼型、勤工助学型等；按照组织形式可以分为科技、文化、卫生"三下乡"社会实践活动，科教、文体、法律、卫生"四进社区"社会实践活动，以及带薪实习、学农、学工、学军、社会调研等社会实践活动。大学生在社会实践活动中受教育、长才干、做贡献，增强社会服务意识与责任感。

（二）探索性劳动

从宏观层面看，产学研合作本身就是高等教育与社会生产相结合的重要形式。从大学生成长的角度看，产学研合作一方面有利于学生将所学运用到实际中，另一方面有益于学生把握实际问题，加深对理论学习的认知。

这一时期产学研合作不断深化，学生的探索性劳动的形式主要如下：

（1）在校内实习基地进行科研与生产方面的探索。如中国矿业大学积极筹备利用煤矿的设备条件，在校内建设一个模拟采煤工作面，学生在真实情境下解决科研问题，提高动手能力。

（2）以课题为依托，以产学研基地为平台，学生在项目现场实践。这样，学生不仅能了解生产与管理实际，还能在专业教师和企业专家的指导下，直接参与基地企业的技术改造与管理等工作，参加研发和生产过程，促进理论与实践相结合，提高实践能力。

（三）公益性劳动

大学生通过志愿服务，了解国情、民情，厚植劳动情感。1996年11月，中国青年志愿者扶贫接力计划启动，首批22名志愿者到吕梁山区的山西静乐县开展为期一年的志愿服务。2003年6月，大学生志愿服务西部计划全面启动。截至2019年，已累计选派33万余名高校毕业生到中西部地区22个省（自治区、直辖市）和新疆生产建设兵团的 2 100 多个市（县、区、旗）的基层开展志愿服务。

（四）创新创业性劳动

创新创业竞赛是一种坚持育人宗旨，借用风险投资的运作模式，引导大学生在专业知识学习和课外学术科研创作的基础上，围绕一项具有市场潜力的产品或服务，组成优势互补的创业小组，形成规范完整、深入具体、具有可操作性和说服力的商业计划。通过参加培训和比赛，不断完善项目设计，吸引风险投资，进而催生高新科技创业公司的实践活动，创业竞赛活动最早于 1998 年在清华大学举行。

第三章　大学生劳动教育模式

本章是大学生劳动教育模式，具体包括以学生为中心的劳动教育模式、"3＋X"劳动教育模式、创新创业教育与劳动教育融合模式及"三全育人"视域下的劳动教育模式。

第一节　以学生为中心的劳动教育模式

我国当下教育改革深化的重点在于构建促进学生全面发展的教育体系，为社会主义现代化建设和民族复兴培育全面发展的人才。国家已经出台了多个文件，制定了"五育并举"的教育方针，强调开展素质教育。"五育并举"指的并不是完全平均地开展德育、智育、美育、体育和劳育，而是在明确五者的主次、先后关系的基础上，有计划地、协调地开展"五育"，使它们相互促进、相互补充，形成良性循环，共同提升育人质量。劳动教育具有自身特殊的育人功能，同时能够促进其他"四育"的开展。所以，高校必须充分、深入地认识劳动教育的重要意义，充分重视和全面开展劳动教育。

一、高校开展劳动教育的重要性

（一）劳动教育可以帮助学生更好地融入社会

劳动不仅包括体力劳动，还包括脑力劳动，两者没有贵贱之别，都值得尊重。高校开展劳动教育可以增强学生参与劳动的自主性和积极性，要以体力劳动为主要形式，使学生在劳动中吃苦流汗，在锻炼身体的同时，磨炼自身意志，身体力行地感受到劳动的重要性，从而尊重劳动，形成劳动光荣的观念，这可以帮助他们更好地融入社会。

（二）开展劳动教育是高等教育改革发展的必然要求

高校是人才的摇篮，肩负着为国家发展培育各类高级专业人才的重任。国家发展需要的不仅是拥有专业知识和技术的人才，还是具有较高综合素质和较强实践能力的人才，这就需要高校通过实践活动培育学生的实践能力与综合素质。劳动作为基本的实践形式，能够提升学生的素质能力。因此，高校深入推进教育改革的过程中，必须开展劳动教育，使学生在劳动中全面发展，必须将劳动教育作为人才培养模式重要的有机组成部分。

（三）劳动教育推动学生全面发展

劳动教育与其他"四育"之间有着深刻的联系，具有德育、智育、体育和美育的功能和价值，是素质教育的不可或缺的一部分，是促进学生全面发展的关键载体。高校开展劳动教育，要充分重视生活劳动，利用学生生活中的劳动活动，将劳动教育融入校园生活。同时还要将之与专业教育教学结合，引导师生参与劳动实践活动，培养其尊重劳动、热爱劳动的精神，使之在劳动实践中获得全面发展。

如今的高校教育存在明显的重视专业教育，轻视实践教育，尤其是劳动教育的现象，大学生普遍专业知识和技能水平较高，但是缺乏实践能力。高校必须坚持"五育并举"，加强劳动教育，以劳动实践活动为载体，促进专业教育与实践教育结合，使学生学会将理论联系实践，在实践中提升专业能力和实践能力。

二、以学生为中心的高校劳动教育存在的问题

（一）学生缺乏劳动意识

当下这个信息时代，各种信息、各种思想在网络上传播，大学生在社交媒体上会接触到各种价值观念，并且由于心理上尚未发展成熟，很容易受到个人主义、消费主义、拜金主义等思想的侵蚀，往往热衷于娱乐社交活动，对于劳动活动并不积极，甚至部分学生轻视劳动、不会劳动，这影响了学生的健康发展。高校劳动教育需要社会为学生营造尊重劳动、劳动光荣的环境，这对于培育学生劳动意识具有重要意义。

（二）劳动教育不受重视

很多高校以专业教育为重，忽视了学生劳动意识的培育，只关注学生的专业水平，这导致学生缺乏实践能力，不利于学生的顺利结业。大学生身心发展尚未成熟，专业学习十分重要，但是也不能忽视劳动教育对于学生全面发展的重要性。学生需要通过劳动实践检验和内化所学知识，只有身体力行地参与体力劳动，才能够充分感受到劳动的艰辛和愉悦，形成尊重劳动的观念。除此之外，很多高校对于劳动教育课程不重视，未开设此类课程或是开设的课程流于形式、缺乏实质，采取理论灌输教学方法而没有开展实践教育，与劳动的实践性本质不符。这些都导致了学生忽视劳动教育，以及劳动教育成效不佳。

（三）学生身体素质下降

劳动作为实践性活动直接受到学生身体素质的影响，有了良好的身体素质，才能够更好地参与劳动实践，发展劳动能力。然而，如今大学生的身体素质状况堪忧，普遍体质不佳，很多大学生处于亚健康状态。这主要是因为大学生缺乏运动、缺乏劳动。当代大学生多为"00后"独生子女，在家中深

受家长宠爱，在学校又以学习为主，缺少劳动机会，缺少生活经验，劳动能力较差。国家十分重视学生身体素质，实施了《关于全面加强新时代大中小学劳动教育的意见》，以鼓励学生参与劳动实践活动，发展劳动意识和技能。

三、以学生为中心的高校劳动教育模式路径选择

高校的根本任务在于立德树人，高校应当采取以学生为中心的高校劳动教育模式，坚持以德为先，促进学生全面发展、个性发展。应当坚持以学生为中心的理念，全面革新劳动教育模式，始终坚持立德树人的基本原则，积极培育大学生的劳动意识和劳动精神，发展其劳动素养，使之构建劳动光荣的价值观念。应当坚持"五育并举"，将劳动教育与德育、智育、美育、体育有机融合，全面提升大学生的综合素质；将专业课堂教学与劳动实践活动结合，有效提升学生的劳动技能、实践能力、创新能力；将劳动教育与终身教育结合，联合多元教育主体，构建全社会共同参与劳动教育的格局，使劳动教育贯穿于学生发展的各个方面和全过程。高校开展以学生为中心的高校劳动教育应当全员参与，全过程追踪，全面推进，切实发挥劳动教育的育人功能。

（一）全员参与，重视发挥主体作用

高校是重要的教育机构，但不是教育的唯一主体，高校劳动教育还要借助社会、家庭等主体的力量。高校劳动教育应当坚持全员参与，发挥高校的主阵地作用，同时，加强社会教育和家庭教育。各个教育主体相互配合，共同参与，全面培育大学生的劳动意识和精神，锻炼其劳动技能，发展其劳动能力、实践能力和创造能力。首先，加强家庭劳动教育的基础作用。高校要引导和鼓励家长积极参与劳动教育，借助家长会、致家长的一封信等，向家长宣传讲解劳动教育的育人价值与重要意义，使之形成正确的劳动观念，并鼓励他们借助家庭生活中的劳动机会开展劳动教育。其次，加强高校劳动教育的主导作用。高校一方面要借助课堂教学和实践活动开展劳动教育，另一

方面要开发网络教育平台，开展在线网络教育，以多元化的形式培育学生的劳动素养，提升劳动教育的成效。此外，还要立足于专业实际，结合专业实践教学活动，为学生提供更多的实习机会和实训机会，使学生在专业实习和实训中强化劳动意识，培育职业精神，发展实践能力。以教育专业为例，高校可以联系本地的中小学，安排学生到学校实习，在职业岗位的劳动中得到充分的锻炼。这样可以有效拓展学生参与劳动实践活动的机会，提升劳动教育的成效，培育他们爱岗敬业、吃苦耐劳的品质。最后，加强社会劳动教育的支持作用。社会一方面可以通过宣传劳模事迹等构建劳动光荣、劳动伟大的良好风尚，创造有利于劳动教育的社会环境，潜移默化地培育学生的劳动意识和劳动精神；另一方面可以提供大量的劳动机会，如运动会等活动的志愿者服务活动，福利机构的社会服务活动等，使学生有更多的机会参与劳动实践，在劳动中发展能力，培育责任感和奉献精神。以学生为中心的高校劳动教育模式需要各个教育主体共同参与、相互协调，以推动劳动教育的高质量开展。

（二）全过程追踪，筑牢劳动教育基座

高校劳动教育并非阶段性的教育，而是贯穿于学生大学四年整个受教育过程的教育。因此，高校应当采取全过程追踪，将劳动教育融入学生校内生活的不同阶段，充分发挥劳动教育的育人价值。高校应当在学生入学初就开展劳动教育，开始培育学生的劳动价值观。高校应当充分利用公众号、校园论坛、QQ 群等多媒体平台，将劳动教育与校园文化结合，构建尊重劳动、劳动光荣的校园文化环境。借助网络教学平台开设生活化的劳动技能小课程，分享与学生日常生活相关的劳动知识，开展生活化的劳动教育，使学生在熟悉、融入大学生活的过程中，形成劳动意识。大一、大二学年，高校开展劳动教育时，需将重点放在培育劳动精神和锻炼劳动技能上，尤其要锻炼学生未来社会生活基本劳动技能，结合专业教学组织劳动实践活动，引导学生在劳动实践活动中提升专业能力和劳动素养，充分发挥劳动教育的育人价值。此外，高校可以结合学生的日常劳动，引导和鼓励学生积极参与学生会、党团、社团等组织的劳动实践活动，培养劳动习惯，感受劳动的乐趣，提升劳动能力。在大四阶段，高校应当引导学生回顾大学四年的劳动实践经历，明确自己的特长和爱好，明确就业方向。并组织就业相关的劳动实践，如实习等活动，帮助学生更好地就业。

（三）全面推进，丰富劳动教育实践形式

高校应当全面推进劳动教育，将之与多种育人载体结合，丰富劳动教育实践形式，从而有效提升劳动教育的成效。通过理论教学与实践教学相结合的方式，构建全方位的劳动教育格局。第一，高校应当结合教学计划设置劳动周、劳动月，坚持以学生为中心，合理设计活动体系。首先，要组织多元化的劳动实践活动，并且不断创新和丰富活动形式，提升劳动周、劳动月的育人成效。其次，应当适当地设置活动时间，协调专业学习时间和活动时间，劳动周、劳动月活动时间不可过多，以免挤压学生学习时间，加大其学习压力，也不能时间不足，影响活动效果。最后，应当对学生劳动周、劳动月活动中学生表现进行全面的评价，并将评价结果纳入学分体系，以提升学生参与活动的积极性。第二，高校应当积极与政府、企业等教育主体合作，丰富合作形式，拓展合作渠道，积极构建劳动实践教育基地，充分整合和利用校内外劳动教育资源，为学生创造充足的劳动实践机会和平台。高校之间也应当相互合作，共享劳动教育资源，合作开展劳动教育实践活动，允许学生参与外校的劳动实践活动并互认学分，交流教育经验，共同促进学生在劳动实践活动中全面发展。第三，高校应当以实践活动作为劳动教育的主要形式和重点，充分利用本校或政府教育主管部门组织的创新创业活动，以及各种实习实训互动等开展劳动教育，鼓励学生会、学生社团等学生团体组织开展社会实践活动，引导大学生在亲身参与劳动实践过程中，感受劳动的辛苦，感受完成劳动任务的成就感和喜悦，引导学生提升劳动技能、强化劳动意识、形成劳动习惯，以多样化的实践活动培养学生的劳动素养，使学生在劳动中

实现全面发展。

当下是中国式现代化建设的重要阶段，也是乡村振兴战略实施的重要阶段，培育和弘扬人民的劳动精神具有重要意义。大学生是中国式现代化建设的生力军，是乡村振兴建设的后备力量，必须培养其劳动意识，提升其劳动技能，培育其劳动精神。劳动教育是素质教育的重要组成部分，是推动学生全面发展的重要途径。高校必须重视劳动教育，将之与专业教育有机融合，不断创新劳动教育形式，提升学生的劳动素质。

第二节 "3+X"劳动教育模式

一、"3+X"劳动教育课程设置

高校劳动教育课程设置应融合创新创业教育，根据不同的学科专业性质开展不同种类的生产及服务性劳动活动，让学生从活动中积累劳动经验，强化自身的劳动意识，提高创造性劳动能力。

1. 坚持课程思政教育引领原则

劳动教育从学生的意识、行为和习惯等方面入手，将马克思主义劳动观融入劳动课程实践中，发挥自身的育人功能，培养学生对劳动的热爱和对劳动者的尊敬之情，让学生体会劳动的乐趣并在劳动中培养创新精神和担当意识，为学生将来为社会和祖国作贡献打下良好的教育基础。

2. 坚持全面化、系统化的原则

中共中央、国务院颁布《关于全面加强新时代大中小学劳动教育的意见》，要求劳动教育贯穿学生的学校生活及社会生活，在学生的整个成长过程中发挥作用，不论是家庭、学校还是社会，都应以培养学生的劳动意识为导向，让学生养成良好的劳动习惯，在劳动实践中体会劳动价值。这说明劳动教育课程设置应遵循全面化、系统化的原则，引导学生的全面发展。

3. 坚持与专业实践相结合的原则

当代社会迫切需要具备实践技能的应用型专才。在高校中，除了培养学生的劳动观念外，还需要积极地引导他们去学习和应用新的知识、技术。在实际工作中，应不断地探索和应用新的方法来解决实际问题，实现手与脑的综合应用，加强实践体验，积累宝贵的工作经验，以便让学生在实践中深刻理解劳动的真正含义，明确自己努力的方向和目标。

4. 坚持循序渐进的原则

高校劳动教育与中小学的劳动教育有所不同。中小学更注重培养学生的劳动意识和习惯，而高校劳动教育则是基于中小学劳动教育，将理论知识与实际操作相结合，目的是让学生在劳动中加深对劳动的理解，并在实践中培育他们对家庭、学校和社会的责任感，以及对工作的热爱和敬业精神，从而使学生在劳动中树立正确的人生观和价值观。

二、构建"3+X"劳动教育模式

（一）"3+X"解读

在"3+X"劳动教育模式里，"3"代表了学生在学习和生活中的三个主要部分：学校、社会和家庭，而每一个部分都涵盖了特定的劳动活动。学校劳动涵盖了校园的美化、宿舍的内务管理及教室的清洁工作等；社会劳动不仅涵盖了社会公益服务，还包括参与社会治理等多个方面；家庭劳动则包括家庭教育指导、家校合作、亲子互动以及亲子关系管理等内容。在"3+X"模式中，"X"代表了根据不同学科背景的学生进行劳动教育的具体方法，强调劳动教育的针对性。例如，计算机专业的学生可以结合他们的专业知识进入社区，进行小家电的维修工作，从而为社区居民提供便利服务。因此，"3+X"劳动教育模式的构建体现了普遍性与特殊性、大众化与个性化、基础性与突破性之间的有机结合。

（二）课程设计思路

遵循劳动教育课程设计的核心理念和准则，并结合大学生的认知特性，将理论与实践相结合，达到知与行的完美融合。具体而言，理论教学内容包括马克思劳动价值论、剩余价值学说等基本经济原理及相关经济学知识、思想政治教育学基础知识和职业道德规范。实践教学主要是指校内校外各种形式的劳动体验和技能训练及相关社会活动，旨在提高大学生对劳动意义的认识，增强其参与社会生活的能力，重点是培养学生的劳动意识、职业精神和职业技能，促进学生形成劳动习惯，并提高他们对社会和家庭的责任感。

（三）劳动教育内容

1. 理论教学内容

课堂教学环节是理论教学内容的主要执行环节。通过教学活动加强对大学生的马克思主义劳动观的教育，目的是让他们更加深入地理解马克思主义劳动观和社会主义劳动关系，同时也培养他们在新时代的工匠精神，以及创新劳动能力和诚实守信的合法劳动观念。

所教授的课程内容分为四大模块：第一是人类发展与劳动。物质生产被视为"一切历史的基本条件"，而劳动则是人类独有的属性。劳动不仅是人类生活和进步的根基，也是所有财富的源泉和社会进步的推动力。通过深入的学习，学生可以更加深刻地认识到劳动在人类历史进程中的决定性作用，了解劳动的深远意义，并指导他们确立正确的劳动观念。第二，最美的劳动者。同时结合社会热点问题及典型事例，使学生了解到我国社会主义制度优越性和中国特色社会主义事业蓬勃发展对劳动的巨大推动作用。让学生从生活实际出发，结合身边实例，分析各种生产经营活动对劳动成果的影响，从而认识到劳动是人类社会发展进步的源泉与动力，也是人最基本的生存方式和谋生手段。第三，在劳动中创造价值。引导学生深入探索各种劳动方式及其所带来的价值，逐步建立起对劳动的尊重和平等对待的价值观，让他们在勤劳、真诚和有创意的劳动中体验到劳动的价值，并在实际工作中实现他们的人生目标。第四，捍卫劳动。我们致力于通过学习来培养学生的劳动安全意识，指导他们在工作中遵循劳动规范，并在社会实践、学校日常工作、家务劳动及专业劳动过程中掌握基本技能，遵守劳动纪律，并学会利用法律手段来保护自己的合法权益。

2. 实践教学内容

实践教学是一种以学校、家庭和社会为核心的劳动活动，它依赖于学校的日常劳动、专业生产劳动、社会服务劳动和家庭劳动，贯穿了大学阶段的整个过程。除了劳动教育的必修课程，其他的课程都是根据学科和专业的特性，将劳动教育的内容有机地整合进来的。课程教学的目的是引导大学生建立正确的劳动观念，激发他们在实践中的劳动热情，促使他们养成良好的劳动习惯，培养他们的创新能力和匠人精神。

三、"3＋X"劳动教育模式的实施路径

把劳动教育纳入大学生的公共必修课程，并将其纳入学校的人才培养计划中，以优化课程结构。根据不同年级和不同专业的学生特性，课程教学主要集中在日常生活劳动、专业劳动及社会服务性劳动这几个方面。理论课程是为大一的学生在第一个学期开设的，主要由教师在课堂上进行讲解，通过系统的知识传授来启发学生，组织学生进行线上和线下的讨论。

实践课是基于学校的日常工作、专业生产活动、社会服务劳动及家庭劳动的课程，它在大学的各个阶段都有所体现。实践课在校内校外实习基地实施，面向在校大学生进行有针对性的引导和指导，培养他们对劳动价值的认识和践行能力。实践课被划分为基础劳动和突破劳动两大部分，各个教学单位可以根据自己的专业特色来设置劳动活动。

（一）学校生活劳动

学校生活劳动主要集中在学生的日常生活和学习环境的清洁和保养上，

包括校园、宿舍和教室的卫生状况。通过开展丰富多彩的课外卫生活动,使大学生养成良好卫生习惯。对于学校的公共卫生区域,每个班级都会轮流负责保持这些区域的清洁;宿舍的卫生是由宿舍内的学生来负责的,而公共区域的卫生则是按照特定的安排进行轮值和清洁;教室卫生则由各班班主任负责,每周集中对教室进行全面清洁消毒后再到寝室或操场进行集体清理。按照学院的计划,教室的卫生工作是分组并轮流进行的。通过举办系列丰富多彩的劳动技能比赛、参观考察及与企业合作学习等途径加强对学生的指导,促进他们树立正确的就业观、价值观和人生观。

(二)专业生产劳动

充分发挥学校在创新创业教育方面的资源优势,依据学科和专业的独特性进行专业生产劳动活动,这主要涵盖了实习实训、专业服务和社会实践等多个方面。目的是让学生在实践过程中掌握新的知识、技术、工艺和方法,学会以创新的方式解决实际问题,不断加强诚实劳动的意识,积累丰富的职业经验,提高他们的就业和创业能力,并在实践中培养出艰苦奋斗和奉献精神。

(三)社会服务劳动

积极鼓励学生成为注册志愿者,引导他们热衷于参与各种形式的社会公益活动,将为社会奉献爱心和服务视为他们学习和生活的重要组成部分。在学生的课外时光里,他们有机会深入到城市和农村的社区、福利机构等公共场所进行公益活动,并参与到社区的管理中;还可以参加社区服务活动,为群众提供健康教育咨询等服务,帮助他们提高身体素质和心理健康水平。当发生重大的社会灾害时,要在确保个人安全的前提下,积极参与社会志愿服务和社会治理活动,以不断增强社会责任感和使命感。

(四)家庭基础劳动

家长要引导学生摒弃追求享乐的心态,主动地培养他们独立生活的技能，使他们能够掌握基础的家务和生活技能，从而实现自给自足，过上富足的生活；促使他们养成良好的生活习惯，增强身体素质和健康水平，树立终身体育观，增强自我保护的意识和能力。学生要与家人和睦相处，促进家庭和谐；积极参加公益活动，主动承担起社区义务和职责，成为一个有爱心的人。在自己的能力范围内，积极参与家庭的建设，打扫、洗衣、做饭等，在分担家务的过程中，体验到生活的艰辛、父母的努力和家庭的责任。

四、"3+X"劳动教育实施过程考核与评价

（一）建立劳动教育管理、考核评价机制

一个科学且完善的管理体系是确保大学生劳动教育得以有效实施的关键支撑。首先是成立劳动教育领导小组，由主管学校的领导担任组长，并组建专业的师资队伍，负责全校劳动教育的教学和管理工作。其次是构建一个融合教学、管理和服务的综合管理体系，并发布相关的总体策略和执行细节，全面协调劳动教育相关任务，确保高校的劳动教育能够真正实施。再次是加大对劳动教育资源的开发力度，并着手建设劳动教育的场所和实践基地。最后是完善评估和考核机制，确保劳动教育课程的表现被纳入学生的学业表现，并记录在学生的个人档案中。

（二）加快劳动教育信息化建设

利用信息技术手段来对学生的劳动教育进行有序的组织和管理。充分利用互联网技术，搭建网络学习空间，构建智慧校园，实现线上学习、线下作业及辅导。通过构建信息化管理平台、实施全流程的信息化管理及线上与线下的联动，来指导学生进行各种劳动活动。通过运用信息技术来加强教学管理，对学生的学习教学流程进行全面的信息化管理，这包括课前出勤、教学监督、课后评估，以及劳动实践活动的实施情况和学生成绩的评定等各个环节。在信息技术应用方面，可将信息化技术引入到劳动课程中，实现劳动课

上的实时互动和在线辅导，提高劳动课程教学效果。辅导员和劳动指导教师要通过线上和线下的联合指导，帮助学生进行劳动实践活动。

第三节　创新创业教育与劳动教育融合模式

中央深改委已经审查并通过了《关于全面加强新时代大中小学劳动教育的意见》（以下简称《意见》）。该《意见》强调了将创新创业教育与劳动教育紧密融合，并致力于打造创新创业教育的升级版本，这已经成为当前高校在创新创业教育方面的一个关键任务。高校的创新创业教育和劳动教育都是为了解决高等教育人才培养与社会需求不匹配的问题而进行的思想更新和模式改革。这两者都是面向未来工作环境和劳动环境培养人才的共同目标，并且在结构上具有很强的内在联系。从同构共生的系统思维角度来看，这两者在教育目标、教育内容、教学方法及师资队伍方面的互补性，都为它们之间的紧密结合和同构共生创造了内在的可能性和必要性。当前，我国部分高校创新创业教育存在着培养目标模糊、课程结构单一、师资力量薄弱等突出问题，影响两者的有机结合和良性互动发展。

一、创新创业教育与劳动教育的概念内涵交叉重叠

创新创业教育旨在培育具备创新思维、创业精神、创业技能和社会责任感的创新型人才，它代表了一种创新的教育观念和方法。其核心理念就是将创业教育融入大学人才培养全过程，即让学生学会学习，学会选择，学会做事，学会生存，具备创建和运营新公司的技能，不受传统批判思维方式的限制。创新创业教育在我国起步较晚，但其重要性日益凸显。创新创业教育不只是高等教育为了更好地适应经济和社会的发展而迫切需要的，同时也是高等教育改革和发展的关键，它代表了新时代大学生素质教育的新方向，并为高校提供了新的人才培养策略和探索方向。该方针强调高校应以培育能够引

领社会进步的创新型人才为核心目标，持续更新其教育理念，改革人才培养方式，并将人才培养、科学研究和社会服务三者紧密结合，以实现从单纯的知识传授向更加注重知识应用和能力培养的转变，从而有效提升人才培养的整体质量。

高校劳动教育是为了适应新时代劳动的发展方向，对大学生进行全面的劳动观念教育、技能培训和实践锻炼，旨在全方位提升大学生的劳动素养。这一教育过程的目标是引导新时代的大学生在劳动创造过程中追求幸福、获得创新灵感，并把他们培养成具备社会责任感、创新精神和实践能力的高级专业人才。通过深入探讨劳动教育的定义，可以认识到，劳动教育不仅是"关于劳动的教育"，如培育学生对劳动和劳动人民的深厚情感、正确的劳动观点和态度。同样，它也可以被解释为"通过劳动的教育"，即通过实际的生产劳动经验，帮助学生全面提高在德、智、体、美、劳各方面的综合素质。全面的劳动教育不仅要强调劳动相关的思想教育和知识技能的培养，还要重视劳动实践的锻炼。

因此，高校创新创业教育和劳动教育作为新时代高等教育人才培养体系的关键组成部分，都是为了解决高等教育人才培养与社会需求不匹配的问题而进行的理念更新和模式变革。他们都特别强调要与新时代的劳动发展趋势紧密结合，面向未来的工作世界和劳动世界培养人才，并特别注重培养大学生的社会责任感、创新精神和实践能力。创新创业教育可以被视为高等教育中劳动教育的核心部分或其中的一个主要实践方式。大学生就业过程中最突出的特点就在于其自身具有独特的个性特征，即差异性。每位学生都是独特的存在，无论是在思维观念、专业领域的知识、学习技巧、个人兴趣还是心理特质上，他们都有所区别。

高等教育阶段是大学生进入职场前的最后一个教育阶段，教育的核心目的是全面提升大学生的劳动素养，以适应甚至引导他们未来的职业发展。因此，从价值观的角度来看，高校的劳动教育可以被划分为两个主要部分：一是提升大学生就业能力的劳动教育，二是专注于提升大学生创业素质的劳动教育，这两者无疑构成了创新创业教育的核心目标。

二、创新创业教育与劳动教育同构共生的内在关联性

建立同构共生关系的基础条件是：两个系统在其结构设计上存在一定的一致性，或者是可以互相借鉴共同要素。这就要求我们从宏观层面去把握创新创业教育与劳动教育在功能、结构等多个维度上的联系和区别，进而形成科学有效的协同育人机制。创新创业教育与劳动教育在概念内涵上呈现出交叉和重叠的特点，这表明它们本质上是同一事物的两种不同的表现形式。由于它们的核心目标和重点有所不同，因此呈现出不同的形态。然而，由于它们在结构上有着内在联系，这使得它们在客观上有可能实现紧密的结合和同构共生。

（一）教育目标上的互利性

创新创业教育的核心目的在于培育学生的企业家精神。企业家精神作为一种重要的经济现象，它不仅存在于企业内部，也存在于社会之中。一个真正的企业家不仅应该拥有熊彼特描述的"创新精神"，还应该拥有两种核心精神。首先是韦伯所强调的"敬业精神"，即勤勉、节约、守法并全心全意地"赚钱"；其次是诺斯基在新制度主义经济学的框架下提出的"合作精神"，即革新人类合作制度或者拓展合作秩序。这都要求企业家拥有强烈的创新意识、敏锐的洞察力、坚定的自信心及良好的心理素质。"创造性破坏"是企业家最基本的能力，也是企业家最重要的品格。一个真正的企业家不仅需要善于识别和利用市场的机会，通过"创造性破坏"来不断地获得利润，还需要充满使命感，将经营好企业视为自己的天职，正确处理个人、企业和社会之间的关系。

应该在学生群体中推广劳动精神，教育和引导他们尊重劳动，这样，他们长大后能够勤劳、诚实和创造性地工作，不仅是劳动教育的终极目标，也是培养企业家精神的基础。只有这样才能培养出具有强烈使命感和责任感、

有远大志向、善于经营管理的企业家。真正的企业家会深深地尊崇和尊重劳动，他们愿意通过自己的努力、真诚和创新来积累财富，同时也会积极地履行社会职责，尊重每一位劳动者，并愿意与其他劳动者合作，共同追求更高的利润、创造更多的财富，并分享他们的成果。企业家所需的"创新精神"实际上是新时代下创造性劳动的一个显著特点。将创新创业教育与劳动教育相融合，可以有效地帮助国人摒弃仅将劳动视为普通体力劳动的成见，从劳动发展的新视角重新审视劳动，并深入了解新时代劳动的思维和创新特性。

创新创业教育是实现劳动者全面素质提升的有效途径和手段，将劳动教育与创新创业教育紧密融合，不仅可以为创新创业教育提供正确的价值导向，还可以推动劳动教育理念的更新。

（二）教育内容上的关联性

四川大学在创新创业教育改革中取得成功，其中一个关键的经验是从知识、能力、品质和本领这四个维度出发，构建了一个完整的创新创业培训内容体系。在创新创业知识方面，强调从课程和教师抓起，让学生具备扎实的专业基础知识，知晓创新创业的规律、方法和过程；在创新创业能力方面，强调从课堂抓起，培养学生的独立思考能力、协作精神和社会担当能力；在创新创业品质方面，强调从素养抓起，培养学生守法、诚信、担当、奉献的优秀品质；在创新创业实践方面，强调从平台抓起，让学生在多元化、高端性实践平台中历练创新创业本领。

高校劳动教育的内容也应该包括三个维度：劳动思想教育、劳动知识技能教育与劳动实践锻炼。在劳动思想教育方面，要坚持正确的思想引导，指导学生深刻体会劳动的永恒价值、由衷地理解并认同"劳动最光荣、劳动最崇高、劳动最伟大、劳动最美丽"的真正含义。在进行劳动知识技能教育时，不仅要确保学生能够深入掌握相关的专业知识和技能，更要广泛传播与大学生未来职业生涯紧密相关的劳动科学知识，如劳动关系的协调、劳动法律、劳动经济与管理、劳动与社会保障、劳动安全与卫生及劳动心理健康等方面的知识，同时要加强对学生劳动意识、劳动道德及劳动文化的引导。在进行劳动实践锻炼时，应该将劳动教育整合到广泛的第二课堂活动中，全方位地推动劳动教育与大学生的社会实践、志愿服务、创新创业教育、职业生涯教育、就业指导和校园文化的融合。通过各种形式的劳动实践锻炼，可以全面锻炼大学生的劳动能力，培养他们积极的劳动情感态度和正确的劳动价值观。

劳动教育的三个维度都与创新创业教育有着紧密的联系，应当培养学生创业意识，树立"以就业为导向"的教育观，将培养学生创业精神作为高校创业教育的重要任务。在进行劳动教育时，对劳动价值的深入理解、对劳动的积极情感态度、对劳动者及其劳动过程和成果的尊重等方面，与学生的守法、诚信、担当、奉献的优秀创新创业品质有着紧密的联系。

在劳动技能培育的过程中，扎实的专业知识是劳动教育和创新创业教育的共同焦点。而在创新创业教育中，对于大学生来说，申请创办企业和加强新创企业风险预防及组织管理知识是必备知识。此外，良好的人际关系网络、正确的价值观念引导及丰富的实践经验也成为培养大学生创业精神的关键要素。

在劳动实践锻炼过程中，劳动教育的核心理念是鼓励学生结合他们的生产和生活经验来进行锻炼。通过这种方式，可以培养学生的道德、智力、体质、审美和创新能力，这与创新创业教育的实际训练有着相似的效果。

（三）方式方法上的共通性

在教育的方式方法上，无论是创新创业教育还是劳动教育，它们都强调在实践中学习的理念，并具有显著的实践驱动力。创新创业教育以培养创新型人才为目标，强调通过开展各种社会实践活动，使受教育者掌握基本的知识技能，具备解决实际问题的能力。在北京举办的"面向 21 世纪教育国际研讨会"上，联合国教科文组织首次明确提出了创业教育的理念，并强调创业能力的培养是基于实践经验，而非单纯的听课。在我国，高校中开设了专门针对大学生开展创新创业教育的课程。众多的调研数据也表明，大学生对于创新创业教育有着极高的实际需求，这是因为创新创业教育与劳动教育有着密切关联。在劳动教育领域，实践性始终是其显著的特点。劳动教育的目的在于培养具有创造能力的新一代劳动者，为实现国家和中华民族伟大复兴提供人才保障。随着人工智能的兴起，劳动教育的实际应用特性变得尤为珍贵，这有助于年轻一代重新回到生活、大自然和真实世界中，为学生提供直接面对各种现象的机会。因此，在当前的高等教育体系中，劳动教育的组织结构应当特别重视以实践为导向的教学方法，并致力于强化学术研究与学生未来职业生涯期望之间的紧密联系。同时，要将传统的以知识传授为主的劳动教育转化为基于技术应用和技能培养的综合性课程。

（四）师资队伍上的互借性

教师资源的短缺已经成为创新创业教育进步的主要障碍。在目前全国范围内开展的大学生自主创新创业活动中，高校承担着培养高素质创新型人才的重任，但面临着严重的师资短缺问题。不论是"211""985"高校，还是本科乃至高职院校，大部分从事创新创业教育的都是负责管理创业、就业或学生事务的行政型教师。而在这些高校中，最缺乏的通常是那些拥有丰富创业或企业管理经验的实践型教师。

事实上，不论是在创新创业教育领域还是在劳动教育方面，都有必要组建一支具有多样性和多功能性的教师队伍。这两个教育领域的队伍建设都需要三个方面的支持：一是既精通学科的专业理论，又熟悉专业操作实践的"双师型"专业教师；二是那些深入了解创新创业或劳动教育的学科知识和教育原则的"专业化"专职教师；三是由来自不同行业的优秀实践人员组成的"社会型"兼职教师。显然，创新创业教育和劳动教育的教师队伍构成在很大程度上是相似的。这就意味着创新创业教育与劳动课教学可以通过共同培养模式进行整合，教师队伍建设的重点应该放在培养和引进这两个环节中去。创新创业教育和劳动教育的教师团队之间存在着显著的互借性，构建一支高质量的教师队伍能够同时促进这两个领域教育质量的全面提升。

三、创新创业教育与劳动教育同构共生的实践路径

考虑到创新创业教育与劳动教育在结构上的深层次联系，在实际操作中，可以从多个角度寻找它们之间紧密结合的最佳途径，并进行整体规划，以实现它们之间的互利共赢和相互深化。

（一）"进阶式"教育目标设计

摒弃对创新创业教育目标的狭隘和功利观念，结合新时代社会的发展需求和教育的基本规律，逐步构建一个将劳动价值观塑造与创业意识、创新精神和创业能力培养融为一体的"进阶式"创新创业教育目标体系。坚持理论联系实际，突出实践导向作用，注重发挥学校教育的育人功能，使创新创业教育成为推动学生成长成才的重要途径。以塑造劳动价值观为创新创业教育的核心目标，致力于加强新时代大学生在敬业、合作、诚信和责任等方面的创业素质培养。

（二）"呼应式"课程体系设置

创新创业教育是一种面向全体的"普遍性"教育和针对少数的"专业性"教育双轨并行的"广谱式"教育。这一"广谱式"的创新创业教育模式，不仅注重"全面覆盖"，还强调"分层次"和"差异化"，它由四个主要部分组成：首先，面向所有学生的"通识型"创新创业启蒙教育；其次，结合各个专业和学科的独特性，实施"嵌入型"的创新创业教育；再次，为那些有明确创业意向的学生提供"专业型"的创业管理教育，以增强他们的创业实践能力，为不同类型的学生提供特色创新创业课程设置，引导其在就业过程中形成独特的个性发展模式；最后，为初创企业者提供"职业型"的创新创业教育，通过专业的培训体系协助他们顺利度过创业初期。

劳动教育，作为一种面向所有大学生的普及教育方式，能够与"通识型"

创新创业教育和"嵌入型"创新创业教育的课程结构产生有效的呼应和补充。在创新创业教育的初始阶段，除了提供创新和创业的基础课程外，还可以加入如"劳动通论"这样的劳动教育通识课程，为大学生的创业精神的形成打下坚实的基础。在"嵌入型"创新创业教学过程中，可以将理论教学与实践活动相结合，通过多种教学方式提高学生的创新能力，根据各个专业的独特性，加强劳动伦理品德教育以及劳动发展教育等。

（三）"贯通性"实践体验训练

在创新创业教育中，强调的是实践中学习的理念，这种"做中学"的方式应当是有组织、连贯的，而不应是分散的游击战模式。同理，劳动教育也强调实践学习的重要性，但这种学习绝不仅是肤浅的、形式化的劳动体验，应该在系统的劳动实践中深化对知识和技能的掌握，并培育出深沉的劳动情感。从本质上看，创新创业教育和劳动教育都属于创造性思维范畴，两者既有区别又有联系，二者的目标指向不同，实现途径各异。无论是创新创业教育还是劳动教育，都应该鼓励实施"贯通性"的实践体验训练。根据体验式学习的四个主要阶段：具体体验、观察反思、概念的抽象化及主动检验，设计一个贯通性的系统来规划体验学习的各个环节。第一，学生们在青年企业中体验真实的创业之旅；第二，接受市场的检验和反馈，然后进入创业的反思和学习阶段；第三，青年企业联盟为学生提供兼职专家教师的指导，帮助他们在创业反思后重新学习理论；第四，学生在再一次学习后进行再次的实践验证。

（四）"一体化"师资队伍建设

创新创业教育和劳动教育的师资具有互借性，这决定了各高校可以将劳动教育和双创教育的师资整合为一个整体，进行"一体化"的建设，通过建立以职业能力为导向的人才培养方案，制定合理有效的师资队伍规划。在培训"双师型"专业教师的过程中，需要进一步加强校企合作，实行科教融合和产教融合，并鼓励专业教师深入实际工作，参与生产和管理的实际操作，同时进行产学结合的研究和教学活动；在培养"专业化"专职教师的过程中，需要将 KAB 等创业教育培训与劳动科学的必要培训相结合，以培育出既具备创业知识，又了解劳动发展规律的专业教师；在构建"社会型"兼职教师团队时，需要确保各个行业的科学家、院士、大国工匠、劳动模范、成功的创业者和杰出的企业家等新时代的劳动精英进入校园实现常态化、机制化和多样化。

第四节 "三全育人"视域下的劳动教育模式

"三全育人"这一理念，呼吁各高校进一步优化其体制和机制，持续总结经验教训。在这一理念影响下，劳动教育需要不断地挖掘和选拔优秀的教育典型，以构建在高校内外都具有广泛影响力、亮点明显和成效显著的教育模范。要将劳动教育融入日常教学工作之中，以提高学生综合素质为根本目标，促进大学生全面发展，培育合格人才。在进行劳动教育的时候，需要持续强化对外的宣传力度，努力创造一个有利于教育的环境，并通过中青网等国家级的媒体平台，大力宣传教育的核心理念、实践方法和取得的成果，以增强教育的实际效果。

一、"三全育人"视域下加强劳动教育的意义

（一）加强劳动教育是落实"三全育人"的现实要求

构建全员全程全方位的育人格局，是新时代高校不断完善育人实效、建立健全立德树人落实机制、形成高质量人才培养方案的核心任务。要基于社会主义核心价值观，将立德树人贯穿"三全育人"始终，将培养综合素质全面发展的社会主义接班人作为紧要任务。在培育时代新人的社会实践活动

中，形成具有高度自觉性、紧密性和融洽性的立体化育人有机体。

　　为更好地贯彻落实"三全育人"的时代意义，加大劳动教育是顺应教育发展的实际举措。引导全体教师树立育人主动性，保持高度思想自觉和行动自觉，引导全体教师投入"三全育人"改革，不分学工，不分教学，不割裂条块，不个人主义，加快高校教育改革的发展。这既是对学校现有治理体系的重新整合，也是在新时代要求下的改革创新。

（二）加强劳动教育是社会主义建设事业对大学生发展的内在要求

　　在新时代背景下，高校的青年学生需要紧密跟随时代的步伐，强化高等教育中的劳动教育，这不仅是"三全育人"教育改革的核心目标，同时也是促进大学生快速成长的关键因素。目的是让年轻的大学生在劳动中获得成就感，发现自己的特长；在奉献的过程中传播爱心和志愿服务的精神。为了加强劳动在教育中的作用，必须从更高的思想层面深入理解劳动教育在政治、历史和社会上的重要性，并鼓励广大的青年学生尊重劳动的价值并追求劳动的创新。

二、"三全育人"视域下加强高校劳动教育的路径探索

（一）全员育人，充分发挥个体的作用

　　高校应当全面统筹规划劳动教育的培养方案，充分利用劳动教育实践中的教育资源，确保所有高校成员共同参与教育。高校应当结合大学生实际需求和特点，通过各种形式开展形式多样、内容丰富、效果明显的劳动教育活动。高校的教师应当充分发挥自己的职责，根据课程的性质和岗位的功能差异，在不同的工作岗位上，将劳动教育的教学理念和课程内容有机地结合起来。

　　高校的教师必须始终以学生为核心，不应将劳动教育与生产流程混为一谈，而应充分利用"双师型"、学工和教学专业教师的主观能动性，努力发

掘和保护学生的创新能力。

在"术业有专攻"的理念下，高校应当高度重视大学生的专业技能培训。这不仅要求专业教师教授相关的职业技能，更重要的是，教师需要传达正确和积极的职业观念，并深入挖掘劳动教育课程中所包含的各种元素。在课堂教学中，教师应该更加重视对学生精神层面的培养和熏陶，也应强调实践的重要性，特别是在专业课程的实习、实训等实践服务中，要强调实际行动的重要性，确保教育和教学的全方位覆盖。

作为大学生思想政治教育的中心力量，高校辅导员与学生的互动最为频繁，对学生的了解也最为深入，因此他们在这方面扮演着不可或缺的角色。他们应该充分发挥自身优势和潜力，结合自身特点，利用多种途径加强大学生的劳动观教育工作。以学生在日常生活中所面临的各种问题作为案例，可以更有效地传播学生的劳动观念，并更新大学生的劳动观念以及促进创新型劳动的发展。结合新时代的特点和要求，发挥高校辅导员队伍自身优势，通过建立"双师型"教师队伍加强劳动教育宣传工作，积极引导大学生树立正确的劳动观。

（二）全程育人，构建劳动教育体系

1. 全程育人，遵循人才培养规律

在各个年级中，高校教师应鼓励学生主动参与劳动教育，扩大他们的知识视野，增强他们的认知能力，并在第二课堂中充分发挥劳动专栏的思想政治价值导向作用；课程设置上，教师要充分挖掘教材内容，结合学科特点，开展形式多样的教学活动，增强教学实效；在专业教育方面，教师需要充分利用其专业特点，将劳动教育与专业技能紧密结合，以提升学生的专业素质，拓宽其思考维度，并将所学应用到实际中；管理上，教师要做好日常工作，发挥组织优势，营造和谐氛围，促进学生全面发展；在实践中，高校通过深化与企业的合作关系，高度重视人才培养的品质，并将学校的学习活动与户外实践活动紧密融合，有针对性地培育出社会急需的人才，以

满足社会的实际需求。

2. 健全劳动素养评价制度

在学生的综合素质评估中，劳动素养的重要性应被重视并纳入其中。应鼓励大学生积极参与劳动活动，确立统一的评价准则，并对课堂内外的劳动过程和成果进行全方位、客观的记录，确保这些记录的真实性和可靠性。此外，劳动素养的评估结果应被视为评估学生全面成长的关键指标，以防止学生因被动参与劳动而效果不佳。要将劳动素养与职业能力相结合，鼓励学生积极创新创业，引导他们勇于承担起更大责任，努力提升自身就业竞争力，促进自我成长成才。高校实施奖励激励机制，对优秀的劳动成果进行展示，并在大学生的综合素质考核中起到示范和引领的作用，使得劳动表现成为评价优秀学生的重要参考和毕业依据。

（三）全方位育人，促进多方联动

1. 发挥社会的重要作用

通过推出具有特色的劳动教育课程，可以进一步加强产教融合。例如，创建培训和实践基地，将学生的劳动意识和技能培训从学校内部扩展到学校之外，充分利用社会资源，确保各种资源的协同使用，从而为学校的劳动教育实践提供坚实的保障，并扩大学生的受益范围；同时引导学生将所学知识运用于生产生活中去，提高学生动手能力和创新能力，提升学生职业素养；鼓励学生走出学校，利用暑假社会实践和青年志愿服务等多种方式，深入农村和社区，亲身体验和感受劳动；让学生参与脱贫攻坚战，开展实地考察、电子商务推广、医疗援助、信息服务等多种活动，让他们了解家乡的变化和发展，体会到自己成长的价值所在，增强责任感、使命感和荣誉感。

2. 发挥家长的重要作用

家校共建是为了更好地培育每位大学生的综合素质，良好的家庭教育能够帮助青少年形成正确的人生观和价值观。家庭对孩子产生的影响是不易察觉的，孩子的每一个行为和举止都是家庭传统的反映，而家长则无疑是这种家庭传统的引导者。在教育孩子的过程中，家长不仅需要通过劳动模范来激发孩子的积极性，还需要创造合适的环境来安排合适的劳动任务，以培养他们的劳动习惯，帮助他们树立正确的劳动意识。父母应当积极参与劳动活动，培养尊重劳动的家庭文化，使大学生在家庭环境中深刻体验到劳动的重要性和其传承的价值，并培养他们的勤劳精神和良好的工作习惯。

3. 发挥学校的主导作用

增强"劳动＋教育"的协同效应，确保各方面的优势得到充分互补。为了增强暑期社会实践的教育效果，围绕红色基因的传承、绿色生态的培育和产业赋能等多个方面，做到精准帮扶，提出建设性建议，确保大学生在"三下乡"活动中能够有效地学习社会实践课程。

通过加强对学生实践事迹的广泛宣传和报道，鼓励大学生更加积极地参与红色教育、农村支教和乡村振兴等社会实践活动。这样，广大青年学生可以更深入地了解国家、社会和民族的实际情况，积极参与实践，深化对理论的理解，坚定"四个自信"。这样，他们就能在基层展现出真正的青年风采。学校要强调责任和价值的引领，加深学生对劳动精神的认识，并促进大学生劳动实践技能的提升，同时要注重培养大学生良好的职业道德，帮助其形成爱岗敬业的职业意识，帮助大学生建立正确的劳动观念，鼓励他们积极地参与劳动实践，从而达到真正的劳动教育目的。

三、在社会实践中激活劳动教育思政元素

大学生的暑期社会实践与传统的思想政治教育有所不同，它在现代思政教育中是一门创新且具有深远意义的必修课程，占据了不可替代的核心位置。这不仅是学生融入社会的主要方式，也是实施思想政治教育的关键途径，并对社会的物质和精神文明建设产生了积极的推动作用。

大学生们热衷于参与志愿服务和其他社会实践活动，与广大人民群众建立联系，深化对他们的认识，培养与人民群众的深厚情感，并确立为人民群众提供服务的理念。同时，通过参与社会实践活动，可以进一步强化大学生

学习社会知识、提高综合素质、增长才干的愿望，为学生提供了一个极好的机会，使他们能够提前为社会作出贡献。这不仅是现代青年助力社会文明进步的方式，更是帮助大学生更好地适应社会、为社会提供服务和保持社会和谐的最佳方式。全面地加强自我锻炼、刷新知识、巩固已掌握的知识，这对于学生在解决实际问题和撰写结合理论与实践的报告方面都是非常有益的，能更好地培养他们的个人能力。在此过程中，还可以提升大学生的综合素质，使之成为一名优秀的社会主义建设者。现代大学生虽然掌握了大量的理论知识，但很少有机会将这些理论知识与实际应用相结合。他们渴望通过社会实践提高自我素质，从而在今后走向工作岗位时能够更好地发挥出潜能。通过社会实践，大学生可以更有效地走出课堂，从实践中吸取经验，实现有计划、有目的、有成效的实践。因此在高校中加强社会实践教学，增强学生参与意识是非常必要的。劳动教育要持续深化学生对社会现象的理性认识和对国家状况的了解，提升学生的社会责任感和社会使命感，同时也要求学生坚定正确的政治导向。

第四章　大学生劳动教育实践

　　本章是大学生劳动教育实践，包括生活劳动实践、生产劳动实践及服务性劳动实践这三部分，大学生要不断地在各种情境中劳动才能真正领悟劳动教育。

第一节　生活劳动实践

一、生活技能型

　　"一室之不治，何以天下家国为"，落实劳动教育，也需要重建"打扫卫生"的劳动课程。学校是大学生日常生活、学习和休憩的核心场所，一个干净和整洁的环境不仅反映了教师和学生的精神状态和个人素养，而且直接影响到广大师生的身心健康状况。掌握如何整理宿舍、教室和餐厅等生活场所的技巧，不仅有助于学生养成良好的日常作息习惯，还能帮助学校更好地将文明建设与养成教育和学术氛围相融合，为大学生创造一个舒适且整洁的学习和生活环境。

（一）宿舍卫生

　　随着大学宿舍环境的持续优化，学生们在这些宿舍里度过的时间逐渐延长，宿舍已经变成了他们日常生活和学习活动中不可或缺的一个场所。通过宿舍劳动教育可以帮助学生养成勤俭节约的好品质，提升学生综合素质。但是，大部分高校在宿舍管理上仍然采用"看管式"的方法，这并不能最大限度地提高学生的劳动能力。为此，应结合当代高校学生的特点及心理发展规律，探索新时期大学生劳动教育模式。

宿舍文化节，又称"寝室文化节""公寓文化节"，是大学校园内举办的大型活动之一，用以丰富大学生校园文化，促进大学寝室的和谐与和睦。宿舍文化节主要由校学生会等与宿舍相关的学生组织或部门组织举办。随着时代的改变，其活动形式和内容正在发生巨大改变，并得到完善和充实。学生宿舍是同学们在校学习、生活的重要场所，是"三全育人"的重要阵地，是校园文明的重要名片。开展宿舍文化节，可以让学生在积极参与、真情投入中，发挥聪明才智，增进友谊，增强集体荣誉感。

举办宿舍文化节旨在展现丰富多彩的大学生活，体现积极向上的精神风貌，培养同学们的动手创新能力。宿舍文化包含深刻的内涵，拥有多样的形式，对提高学生的文化修养、综合素质等可以起到感染熏陶、潜移默化的作用。

宿舍文化节的主要活动形式：

（1）宿舍舍标设计大赛。参赛者以宿舍为单位，参赛形式主要是用装饰品、废弃材料等进行手工设计。

（2）宿舍美化大赛。参赛者以宿舍为单位，参赛形式主要通过装饰品来美化和布置宿舍。

（3）宿舍才艺大赛。又称宿舍文化才艺大赛、宿舍风采大赛，参赛者以宿舍为单位，参赛形式分为歌曲、舞蹈、相声、乐器、话剧、朗诵、书画表演、魔术、武术等。

（4）文明宿舍评比。这包括校级文明宿舍、院级文明宿舍、十佳宿舍、星级文明宿舍、爱心宿舍、安全宿舍等各类先进宿舍评比。

（二）教室卫生

教室是高校传播知识的重要场所，一个文明的教室有利于通过教育使学生获得知识。良好的学风，文明的教室，离不开每一位同学的自觉维护。

1. 文明教室倡议书

不把食物带进教室，主动清理抽屉垃圾。

以爱护教室环境为己任，自觉维护教室的清洁卫生，做好值日生工作。

保持教室安静，不喧哗、嬉戏或高声朗读妨碍他人学习。

不在教室内吸烟、随地吐痰。

上课前，确认讲台、黑板是干净整洁的，给老师创造一个舒适的上课环境。

进入教室后，将手机关机或调为振动状态，轻声走路，轻声就座。

节约用电，离开教室时，关闭门窗、电灯等设施。

尊重管理人员的劳动，并服从他们的管理。

2. 教室卫生要求

保持室内清洁，定期清理，擦拭地面、桌面、门窗、玻璃和黑板，保持室内空气新鲜。

地面每日拖扫干净，保持光亮、清洁、无尘。教室内无痰迹、水果皮、瓜子皮、纸屑等。

教室内的桌椅无刻画涂写现象，并摆放整齐，不践踏、损坏桌椅，爱护多媒体器材、电视、灯具、暖气片。

墙上无蜘蛛网，无乱贴乱挂、乱涂乱画现象，无脚印、墨迹、颜料等污迹。

教室内无乱拉电线等现象。

教室内清扫工具整齐规整地统一堆放于一角。

3. 教室卫生自查标准

教室卫生按地面 40 分，桌椅卫生及摆放 25 分，墙壁、风扇、黑板 15

分，门窗 15 分，卫生洁具 5 分，进行评分，共计 100 分。

（1）教室地面（共计 40 分）。

① 地面清理不干净的，减 5～10 分。

② 有碎纸和其他废弃物的，减 5～20 分。

③ 垃圾未倒的，减 10 分。

④ 未打扫的，减 40 分。

（2）教室桌椅卫生及摆放（共计 25 分）。

① 抽屉内有废弃物的，减 3～15 分。

② 桌椅摆放不整齐的，减 10～15 分，计分减完为止。

（3）墙壁、风扇、黑板（共计 15 分）。

① 电风扇有灰尘的，减 2 分。

② 内墙壁有污迹或表面有蛛网的，每处减 2 分，最多减 4 分。

③ 讲台未擦干净的，减 2 分。

④ 黑板未擦干净的，减 3 分；黑板未擦的，减 5 分；计分减完为止。

（4）教室门窗（共计 15 分）。

① 教室大门（包括前后门）未擦干净的，减 2 分；未擦，减 5 分。

② 一个窗户不清洁，减 1 分；一个窗台未擦干净，减 1 分。

（5）卫生洁具摆放不整齐、位置不固定的，减 2 分；卫生洁具不齐全的，减 3 分。

（三）食堂督导

食堂是学生的就餐场所，食堂卫生状况与校园生活品质息息相关，鼓励学生积极参与食堂卫生督导工作，可以为学生提供一个相对客观的卫生参考标准、增强学生们的自主管理意识。

（1）食堂卫生标准

地面、桌面、坐凳、电器设备、窗、墙壁等保持整齐、清洁。

餐厅通风好、光线好，就餐环境舒适。

防蝇、防尘设备齐全，餐厅内无乱贴乱挂现象。

餐具、盛具清洁卫生，有防蝇罩，售饭台清洁卫生，洗碗池清洁通畅，门帘及时清洗。

卫生工具存放统一整齐，窗台及墙角不随便摆放杂物。

周围环境卫生区无杂草、杂物，无卫生死角。

周围墙壁无乱贴乱画和乱搭乱挂。

操作台干净卫生，各种炊具摆放整齐；生熟食品分开，并有明显标记；用过的餐具一洗、二刷、三冲、四消毒、五保洁。

冰箱、冰柜、消毒柜由专人管理，冰箱、冰柜每周定期除霜，生熟食品分开存放，柜内无异味。生菜上架，摆放整齐。水池保持清洁，素池荤池分开，上下水道畅通，排水沟无垃圾、无异味。

（2）食堂卫生督导行为规范

检查前：

检查时间由小组成员共同商定，并避开食堂就餐高峰期。

组长在检查前一天领取检查表、工作证和小红帽。

检查人员严格对待每次检查，原则上不允许请假。若确实时间上有冲突，可以与其他检查人员换班。

检查时：

检查人员必须佩戴工作证和小红帽。

检查人员要着装整齐，不可穿拖鞋，不可披头散发。

检查人员必须态度端正，恪尽职守，熟知相关检查项目和要求，严格按照检查表进行评分。

发现违规行为，必须拍照取证，保留第一手资料。

检查时尽量避免与商家发生冲突，若遇到食堂人员不配合等情况，尽量要求食堂管理员协调处理，对不配合的据实记录并反馈给学院。

若发生商家贿赂或威胁等情况，须立即将情况告知相应食堂管理员。

（3）检查后：

对检查时发现的违规行为（已拍照取证的违规行为）进行扣分，评分时只记满分与 0 分。

组长按照样板整理好扣分项目及照片，在指定的时间内将文件发送给相应的管理部门。

生活技能型劳动教育的价值在于使学习者具有更好的决策力，提升主动参与度和实现个体成就的能力。青年成长是一个心理、生理和情感成长的过程，在这个非常重要的时期，教师、家长等有责任通过指导，帮助学生获得良好的生活技能，使之在学习、生活和工作中取得成功。

二、绿色环保型

绿色环保型劳动技能教育，有利于构建优美的校园环境，形成良好的教育氛围。大学生要有环境保护的责任感和紧迫感，要将保护环境的道德观念内化为自觉行动，养成自觉保护环境的习惯，并积极主动地宣传环境保护和可持续发展的思想。

（一）垃圾分类

高校不仅是培养人才的关键场所，同时也是推广良好社会风尚和传播精神文明的重要渠道。在倡导绿色生活方式的今天，大学生已成为建设美丽中国、推进生态文明进程中一支不可忽视的力量。在新时代背景下，引导大学生将生态文明的观念深入内心并付诸实践，已经成为高等教育机构的生态职责。在高校中实施垃圾分类方式不仅有助于培养学生对劳动的尊重意识，同时也有助于节省学校的资源，除此之外还具有多个方面的重要意义。

（1）有利于节约土地资源。填埋作为我国处理垃圾的主要手段之一，不仅占据了大量的土地资源，还可能对土壤和地下水资源造成污染，从而对人们的健康构成威胁。因此，必须对垃圾分类加以重视，通过高效地分类垃圾，可以最大化地利用空间，使人们的生活和学习环境舒适健康。

（2）有助于减少环境污染。焚烧处理垃圾不仅占用的土地面积较小，还能有效地收集和利用焚烧产生的热量。然而，如果垃圾没有进行分类处理，将对空气造成严重污染，并对人们的健康构成威胁。

（3）有利于资源的循环利用与可持续发展。大部分的垃圾都可以被循环再利用，将其转化为有价值的资源。随着我国城镇化进程加快及城市规模扩大，垃圾处理问题日益凸显。对垃圾进行有效的分类不仅能为经济和社会贡献更多资源，还能促进经济增长和提升人民的生活品质。

（4）有利于提升公众的环保意识。培养垃圾分类的良好习惯不仅是环境保护观念的塑造和提高的过程，同时也是公众遵循公共准则和承担公共责任的行为培养过程。在我国，城市生活垃圾处理设施建设滞后于社会发展需求，导致居民垃圾分类意识淡薄、分类处理能力不足，严重制约着生活垃圾分类管理工作的开展。

（二）垃圾分类规范

（1）可回收物是指适合回收和循环再利用的生活废弃物，包含了废纸、废塑料、废玻璃、废金属、废旧纺织物、废旧家具及废旧的电器电子产品等。

（2）有害垃圾是指对人体健康或自然环境造成直接或潜在危害的生活垃圾，这些垃圾应该被专门处理，包括废充电电池、废扣式电池、废荧光灯管、废药品、废油漆及其容器、废杀虫剂和消毒剂及其包装物等。

（3）厨余垃圾是指容易腐烂的生物质生活垃圾，包括了食材废料、剩菜剩饭、过期食品、瓜皮果核、花卉绿植废弃物、中药药渣等家庭厨余垃圾，以及农副产品集贸市场产生的有机垃圾等。

（4）其他垃圾是指除可回收物、有害垃圾、厨余垃圾之外的其他生活垃圾。

（三）垃圾分类流程

1. 垃圾收集

在进行垃圾收集和分类的过程中，必须确保环境的封闭性，以免对环境造成二次污染。对于直接使用非垃圾压缩车进行收集的方法，要由保洁员对垃圾收集容器内的垃圾袋进行封闭收集。

2. 投放前

纸类应尽量叠放整齐，避免揉团；瓶罐类物品应尽可能将容器内的产品用尽，清理干净后再投放；厨余垃圾应做到袋装、密闭投放。

3. 投放时

应按垃圾分类标志的提示，将不同垃圾分别投放到指定的地点和容器中。玻璃类物品应小心轻放，以免破损。

4. 投放后

应注意盖好垃圾桶上盖，以免垃圾污染周围环境，滋生蚊蝇。

（四）无烟校园

大学生的吸烟行为不仅对其个人的健康发展造成伤害，而且对大学的学风和校风建设也产生负面影响，进一步破坏了文明社会的建设，导致了多种不良的社会风气。为了维护教师和学生的身心健康，确立健康的生活观念和方式，提升广大师生对吸烟的危害的认识，应鼓励师生积极参与控烟和戒烟活动，加强控烟治理。

1. 无烟校园的建设目标

只有通过综合治理，才能使学校真正成为一个具有良好生态环境和文化氛围的绿色空间，从而达到创建无烟校园的目的。应当遵循"预防为主，教育引领，标本兼治"的原则，并以"防控有力，意识提高，环境整洁，校园安全"为最终目标。认真执行校园安全管理的所有措施，持续加强防烟和控烟工作的基础设施建设，全方位地履行安全管理的职责，并确保高校控烟治理工作的扎实开展。

2. 高校控烟工作面临的困境

在当前的社会背景下，错误的烟酒文化正在逐渐渗透到大学校园中，占据了大学生社交意识的核心位置。调查显示，70%～80%的学生选择吸烟，特别是男生，因为他们错误地以为吸烟是融入社会的重要社交方式。大学生正处于身心发育和社会化发展的关键时期，在这一时期，学生的心智还未完全成熟，同时还要面对家庭、学业、就业和日常生活等多方面的压力，这极易引发各种心理问题。不少学生通过吸烟来减压，在此过程中，吸烟对他们的身心健康造成了巨大伤害。校园中存在大量吸烟现象和烟草制品销售情况，吸烟大学生作为一个特殊群体，他们的心理健康和行为特征受到关注却较少。目前，高校中的大学生心理压力管理机制尚不健全，没有为吸烟的大学生提供有效的心理疏导，导致控烟措施变得形式化。尽管高校一直在努力加强烟草控制的宣传和教育，但缺乏足够的强制执行力。

3. 无烟校园专项督导

（1）广泛张贴或摆放禁烟标识。校园区域内应广泛张贴或摆放醒目的禁烟标识，具体位置至少包括校门口、教学楼门口、班级内、会议室、图书馆、食堂、卫生间、茶水间、走廊、楼梯、电梯等区域。标识要醒目、位置要明显。

（2）布置宣传栏及展板。可在校门口、教学楼门口处、班级内、会议室、图书馆、卫生间、走廊、楼梯、电梯等区域张贴无烟学校管理规定和控烟宣传海报，有条件的学校还可在校园、走廊、食堂等区域摆放展板。

（3）针对无烟校园专项督导工作，实行高校区域联防控烟检查机制。实施区域性的联防检查，并组建一个专门的检查工作小组。该小组由学院相关部门的负责人、学生工作组的组长、每日值班的负责人及各个班次的值班志愿者组成，并负责记录和反馈。以满足广大教师和学生对控烟的需求为起点，通过创建无烟示范学校作为实施平台，确保组织领导力量强大、控烟检查工作细致，以及控烟工作的稳固。

4. 无烟校园倡议书

为进一步加强控烟工作，保护师生的身心健康，树立健康的生活理念和生活方式，发出如下倡议。

（1）树立"无烟校园，人人有责"的观念，主动宣传烟草危害知识，积极倡导健康文明的生活行为方式。

（2）从现在做起，遵守无烟校园的规定，营造健康、安全、和谐的校园环境，在校园内全面禁止吸烟。

（3）从身边做起，自觉拒绝烟草，树立吸烟危害自己及他人健康的理念，养成良好的健康卫生习惯和文明生活方式，为周围的师生作好戒烟的表率。

（4）从校园做起，积极劝诫身边吸烟的同事、同学戒烟，推行无烟办公室、无烟教室、无烟宿舍，共同携手创建无烟校园。

三、学风建设型

学风不仅是高校全面实施党的教育方针和实现立德树人培养目标的关键要素，也是衡量高等教育质量的一个重要指标。优秀的学风是一种悄无声息的巨大精神动力，它不断地影响和激励学生，促使他们持续努力和健康地成长。加强学风建设，不仅关系到人才培养目标能否落实，而且直接关系到学校声誉和社会地位的高低。加强大学生劳动教育，对于培育和践行社会主义核心价值观具有重大意义。实施以学风建设为核心的劳动教育，不仅是为了增强大学道德教育的实际效果，提升教育的整体质量，也是为了优化校园文化氛围和促进大学生的健康发展。

（一）课内学风督查

课堂是学校发挥立德树人教育功能、培养学生创新意识和能力、提高学生专业素养的主要阵地，同时也是创建优良学风的主要阵地。课堂教学的好坏，将会直接影响到学校学风的建设，继而影响到学校人才培养的质量。

（1）目的与意义

课内检查对于规范学校正常教学秩序，引导学生形成良好的学习习惯，营造良好的学习氛围有重要作用。课内检查的主要目的是了解学生课堂出勤及上课情况，督促学生走进课堂，从而养成良好学风。

（2）课内检查联动机制

秉承着"统筹安排、部门联动、全员参与"的学风建设工作思路。学生处、教务处、教学督导组、任课教师、班级学习委员作为考勤人员，要将课内考勤数据汇总到学生管理部门。数据汇总后，学生管理部门将各班达到一定缺勤次数的同学情况（包括将要被处分同学）反馈给辅导员或班主任。辅导员或班主任确认后，学生管理部门将已达到处分标准的同学名单及缺课情况上报到教务处，教务处将名单转交到学生奖惩助贷服务部门进行处分通报。

（3）课内学风督查流程

查课人员至少提前 25 分钟到学生管理部门处领取移动考勤机、工作证和课内学风督查记录表。至少提前 15 分钟到指定教室门外，佩戴好工作证等待下课。

课程结束后，查课人员第一时间进入教室向老师说明情况，并出示工作证，主要班委配合进行检查。两名检查人员分工合作，一名检查人员负责监督、维持刷卡秩序，另一名检查人员请同学配合进行刷卡考勤，出示一卡通，逐个刷卡出教室。

督查结束后，检查人员第一时间将移动考勤机、工作证、记录表交还给学生管理部门。

学生管理部门每天对检查数据进行处理，并上传到网上办公系统，班主任第二天可登录网上办公系统查看本班前一天缺课情况。

注意事项：

检查人员根据检查课表提前 25 分钟领取刷卡机、工作证，提前 15 分钟到教室门外等候。

检查人员在教室门外等候期间，注意观察教室里学生的上课情况，填写"班级上课情况"。

无人上课班级必须注明没有上课原因。

（二）晚自修检查

晚自修检查是学风建设基础性工作内容之一，在加强学生管理、营造良好学习氛围方面发挥着重要作用。

（1）目的与意义

新生晚自修制度可以帮助新生逐步适应大学学习和大学生活，有助于新生在大学开始阶段养成良好的学习习惯，为大学中后期学习甚至踏上社会后的终身学习作好铺垫。晚自修检查的目的就是让新生走进晚自习教室，学会自学，并为营造良好学风打下坚实基础。

（2）检查流程

晚自修检查由学生党员、学生志愿者等组成，采取突击检查的形式。

晚自修检查前，负责检查的人员提前 10 分钟到达值班室领取工作证与检查表。

晚自习开始一小时内，进行第一轮缺勤检查，缺勤学生的学号将被登记在晚自修检查表中。

第一轮检查完毕，督导组成员可根据实际情况进行巡视，对纪律较差、学生减少明显的班级进行二轮检查，具体要求与第一轮检查相同。

晚自习结束前半小时，所有督导组成员分批进行巡视，对有早退意向的班级进行提醒。若提醒后仍有早退则记录早退情况，反馈给组长，如实在晚自修检查记录表中进行登记。对提醒后仍不配合的学生，在晚自修检查记录表中如实登记其学号。

检查结束后，做好汇总统计，第二天将前一天晚自修检查情况上传到网上办公系统，辅导员或班主任可登录查看具体情况。

（三）校园文明岗

为了进一步推动大学生优良学风形成，让广大学生在文明和谐的校园中学好专业、受到熏陶、养成习惯、取得成绩，高校应专门成立校园文明督导组，对校园文明进行检查，对迟到早退及不文明行为进行督导。

1. 目的及意义

校园文明岗检查能够及时发现校园中存在的不文明行为，对营造良好的校园文明氛围、建立具有时代特征的文明校园有重要意义。通过校园文明岗检查，可以帮助学生养成良好的文明习惯，减少校园不文明现象。

2. 文明岗检查内容

（1）上课和晚自修不迟到，不早退，不旷课，早上第一节课提前 10 分钟到教室。

（2）保持教学区清洁，不随地吐痰，不将食品带进教学区。

（3）服装整洁大方，不穿拖鞋、背心进入教学区。

（4）不在教学区大声喧哗，进入教学区时移动电话保持静音状态。

3. 校园文明岗督导流程

（1）值班当天，督导组成员到达指定区域领取工作证上岗。

（2）值班期间，主要检查校园不文明行为：对带早饭的同学，劝其吃完再进入教学区，或将早饭暂时放在指定点，等课后再领回，对穿拖鞋或者背心的同学责令其回宿舍更换。

（3）每日将督查结果汇总给学生管理部门。

四、勤工助学型

勤工助学是由学校统一负责组织和管理的，它不仅是一种有效的资助家庭经济困难学生的方式，同时也有利于提升大学生的综合素质，培养他们的劳动技能，并促进大学生劳动教育的落地和开花。在当前形势下，高校应积极创新工作模式，探索建立勤工助学型劳动育人长效机制。

（一）高校勤工助学的概念

勤工助学活动指的是学生在学校的组织下，利用课余时间，通过劳动获得合法报酬，用于改善学习和生活条件的实践活动。勤工助学活动作为一种特殊形式的教育方式，具有教育性、服务性、经济性等特点。它构成了学生资助活动的一个关键环节，不仅是提升学生全面素质和帮助家庭经济困难学生的有力手段，同时也是实现全程和全方位教育目标的有效途径。

（二）高校勤工助学的特点

（1）资助性。高校创建勤工助学岗位的初衷是为经济困难的学生提供更多的勤工助学机会，这些贫困学生可以通过参与勤工助学活动来获得相应的薪酬。勤工助学不仅能帮助贫困生解决生活上的实际困难，而且对他们树立正确的人生观、价值观起到积极的促进作用。

（2）业余性。勤工助学意味着学生在完成学业的空闲时间里，通过自己的努力和工作获得相应的报酬。因此，学生们主要在课余和公众假期里进行勤工助学活动。

（3）育人性。勤工助学为学生创造了一个实际体验生活的平台，并为他们提供了锻炼和实践的机会，通过勤工助学的方式，学生的学习热情得到了激发，同时也培育了他们的节约、吃苦耐劳和自立自强的高尚品质。

（4）有偿性。勤工助学意味着学生利用他们的闲暇时光，通过辛勤劳动来获得相应的报酬，解决家庭经济负担。

（三）勤工助学用人单位的权利与义务

1. 用人单位权利

（1）用人单位可根据需要设岗、在学校规定范围内自行招聘、选用学生。

（2）对上岗学生进行岗前培训、教育、管理、考核。

（3）根据学生岗位工作量、工作时间及劳动表现确定工资标准。

2. 用人单位义务

（1）合理设置岗位、安排工作时间，不得占用学生的上课时间。

（2）组织学生开展必要的勤工助学岗前培训和安全教育，同时要注重培养学生热爱劳动、自强不息、创新创业的奋斗精神，增强学生综合素质。

（3）为学生提供良好的安全劳动条件和环境，不得让学生从事违法的、危险的、不适宜的劳动，保证学生的身心健康。

（4）公平、公正、公开地进行岗位招聘，实事求是地介绍单位情况及工作内容。

（5）客观公平地对学生进行考核，确定酬劳标准。

（6）不得克扣、侵占学生的合法报酬，不得虚报学生劳酬以挪作他用，违者将追究法律责任。

（四）学生的权利与义务

1. 学生权利

（1）通过参加勤工助学活动获得相应的劳动报酬。

（2）免费获得勤工助学相关信息及相关培训。

（3）拒绝参加有毒、有害和危险的生产作业及超过身体承受力、有碍身心健康的劳动。

（4）在发生劳动争议或者合法利益受到侵害时得到合理保护。

（5）参加各类勤工助学奖项的评选。

2. 学生义务

（1）学生在勤工助学活动中应服从安排，遵守用人单位的规章制度及勤工助学协议的条款，工作认真，责任心强。

（2）学生应根据自己的学习情况参加勤工助学活动，合理安排工作时间，不得以参加勤工助学活动为由旷课、逃课。

（3）学生在勤工助学活动中，应爱护办公设备、公共设施，讲文明、讲礼貌，诚实守信，树立良好的大学生形象。

（4）在勤工助学活动中，学生不得参与有损学校、大学生形象，有违社会公德的活动，不得从事任何形式的非法经营活动。对在勤工助学活动中有违反纪律、破坏公物行为者，用人单位有权立即停止其勤工助学活动，给单位造成严重损失者，追究其法律责任。

（五）高校勤工助学岗位设置

1. 高校勤工助学岗位设置原则

（1）学校应当努力利用其内部资源，满足学生参与勤工助学的需求。在制定勤工助学工作规划时，要充分考虑到本校实际情况，并结合校情进行调整。校内勤工助学工作可由各部门分工负责，也可以通过签订书面合同形式确定相关人员承担相应责任。基于每个家庭经济困难学生的月平均工作时长原则，计算整个学期全校每月所需的勤工助学总工时数，并据此进行校内勤工助学岗位的统筹安排和设置。

（2）勤工助学的岗位不仅要满足学生的需求，还需确保学生参与勤工助学活动不会对其学业产生不良影响。学生参与勤工助学的时长通常是每周最多 8 小时，而每个月则不会超过 40 小时。在规定范围内，可以采取集中或分散安排等形式进行管理。

（3）严禁组织学生参与有毒、有害或危险的生产作业，以及超出学生身体承受能力、可能损害学生身心健康的劳动活动。

（4）各单位按需设岗。在安排勤工助学的岗位时，应首先考虑到家庭经济状况较差的学生，少数民族学生参与勤工助学活动时，要尊重他们的传统和习惯。

2. 高校勤工助学岗位类型

校内勤工助学岗位分固定岗位和临时岗位两种。

（1）固定岗位是指持续一个学期以上的长期性岗位和寒暑假期间的连续性岗位。

（2）临时岗位是指不具有长期性，通过一次或几次勤工助学活动即完成任务的工作岗位。

（3）2018 年 9 月，教育部、财政部公布了《高等学校勤工助学管理办法（2018 年修订）》，明确规定将大学生参加校内勤工助学临时岗位的时薪，从 2007 年的不低于 8 元/小时提高到不低于 12 元/小时。

3. 高校勤工助学岗位的要求与职责

（1）专职辅导员助理岗位

① 每周随机检查本年级全体学生宿舍一次，检查本年级同学的夜不归宿情况，要在学生中造成声势，防止夜不归宿事件发生。将检查结果详细记录，

登记造册，并存档（同时要有电子版记录档案）。

②每周检查本年级学生宿舍卫生一次，督促学生养成良好的卫生生活习惯，为创建文明宿舍打下坚实基础。将每周检查结果详细记录，登记造册，并存档（同时要有电子版记录档案）。

③每两周从本年级各班班长处收集本年级各班考勤情况一次，并制成电子版考勤簿，进行存档。

④主动了解和收集本年级学生的实际困难，对于确需解决的特殊困难应尽快向辅导员老师反映，以便辅导员老师能及时掌握情况，尽快给予解决。

⑤每学期的假期（寒、暑假）针对本年级学生的夜不归宿情况、宿舍卫生状况、存在的问题和解决办法等写一份调查研究报告。

⑥完成辅导员交办的其他工作任务。

（2）学生工作办公室岗位

①打扫整理学工组办公室的环境卫生，打水、烧水，做好学工组办公室的后勤保障工作。

②文明接听办公室的电话，能自己立即处理事情立即处理；不能自己处理的，根据情况分别向学工组老师电话汇报，并按老师的安排进行处理。学工组老师不在的情况下，要将接听电话、汇报联系及处理情况在工作日志中进行记录。

③文明接待外来老师和学生，对于本院老师安排的工作要尽快完成，对于来本院问询的老师、学生要文明礼貌，能简单回答解释的问题立即回答解释；不能回答处理的，联系学工组老师处理。学工组老师不在时，要将来访老师、学生的问题及处理情况在工作日志中进行记录。

④做好学校和学院之间、学院各部门之间的文件传送、接收工作。

⑤爱惜办公用品，不得损坏，熟练使用办公软件。

⑥完成院学工组老师交办的文字输入工作和其他工作任务。

⑦及时主动地了解本院学生的思想动态、掌握同学们关心的热点问题和特殊困难，经常向学工组老师进行汇报。

（3）奖惩助贷中心岗位

① 负责并指导各年级贷款工作助理做好全院学生与贷款相关的工作（每学年新的国家银行贷款和学校诚信贷款的填写、每学年银行贷款借据的填写、毕业班学生还款确认书的填写和三、四年级学生结对子的组织等），每学年组织全院贷款学生至少做一次主题活动（内容为诚信教育、感恩教育、贷款知识竞赛等）。

② 做好每次贷款工作的信息录入和资料存档工作（要有纸质和电子档案），并根据学生贷款情况的变化随时进行修订。

③ 通过各种渠道与已毕业学生进行有效联系，做好全院已毕业贷款学生联系方式的汇总工作。每季度末主动与校勤工助学中心联系，了解本院贷款学生的违约情况，指导各年级贷款工作助理做好违约学生的联系和催缴工作，将每季度本院违约学生的名单及联系催缴情况登记造册并存档（同时有电子档案）。

④ 收集掌握全院贫困生情况，对全院贫困生的详细情况进行分类归总，建立本院贫困生档案（电子版）。每学期对贫困生档案进行更新（获奖情况、助学金情况、受资助情况、贷款情况、勤工助学情况、学习情况等）。结合勤工助学情况，建立本院勤工助学工作档案，按学年存档并负责维护。

⑤ 每学期初做好本院勤工助学学生上学期的考核总结工作，收交上学期本院勤工助学学生勤工助学书面总结材料（要有上岗单位负责人签字的学期考核意见），归类存档；收交勤工助学书面总结材料的电子版，进行归类存档。

⑥ 每学年组织本院全体勤工助学学生开展一次主题活动。宣传本院勤工助学工作的典型事例，对贫困生开展宣传教育工作。

⑦ 完成学院领导、老师交给的其他工作任务。

（4）就业办公室岗位

① 了解并掌握本届毕业生的就业政策，熟悉本年级学生的基本情况，主动了解并掌握本年级保研、考研、签约和未签约学生的就业意向等。

②对来学院了解情况的就业单位老师,应礼貌接待,并尽快和辅导员老师取得联系。

③协助整理、分编毕业生档案资料,协助组织毕业生填写相关表格。

④协助毕业班辅导员上传下达国家及学校相关就业方针、政策,及时反映毕业生的困难和要求,做老师和学生联系的桥梁。

⑤熟练使用电脑,做好老师交办的文字材料录入、整理和校对工作。

⑥完成领导、老师交给的其他工作任务。

(5)办公室保洁岗位

①每周按要求至少彻底打扫两次办公室,每次打扫时应拖地板,并将地面打扫干净。

②打扫办公室时,应将办公室的计算机、桌椅、柜子、门窗等打扫干净,物品摆放整齐。

③打扫卫生时,应爱惜办公室的物品、花木等,经常为花木浇水。

④打扫卫生时,若发现桌椅、门窗、日光灯等有损坏的情况,应在发现当天及时向院办公室报修。

⑤按负责老师的要求,定期打扫学院会议室、报告厅等。

⑥完成负责老师安排的其他工作。

(6)宿舍管理员岗位

①深入本院学生宿舍,及时主动地了解同学们的思想动态,掌握同学们关心的热点问题和焦点问题;经常向辅导员老师反映所了解的情况,使辅导员老师能有针对性地做好工作,防止各类突发事件的发生。

②主动了解本院学生的实际困难,对于确需解决的特殊困难应尽快向辅导员老师反映,以便辅导员老师能及时掌握情况,尽快给予解决。

③每周至少巡查一次本年级全体学生的宿舍,了解并记录学生宿舍的安全、秩序、卫生等情况,及时发现、消除宿舍楼内的治安、消防隐患和学生违纪违规苗头,并及时报告辅导员。防止学生夜不归宿,留宿外来人员,在

宿舍内饮酒、存放酒瓶和管制器械等情况的发生，将抽查情况记入工作日志并把主要问题、隐患及时上报辅导员。协助辅导员老师及时做好对学生违纪情况的调查、处理和教育工作。

④ 在日常的学习生活中，主动了解本院学生的心理问题，对了解到的本院学生的心理问题及时向辅导员老师汇报，以便老师能有针对性地开展工作。

⑤ 每学期对本年级学生的思想状况、关心的热点和焦点问题、学生的心理状况及存在的实际困难、需要解决的问题等向辅导员老师提供合理化建议。

⑥ 完成辅导员老师交办的其他工作任务。

（7）计算机网络维护员岗位

① 学习掌握计算机、网络方面的相关知识，能对计算机、网络方面的简单故障进行排除。做好学院服务器、院办和学工组办公室计算机的维护工作。

② 熟练掌握并能使用常用操作系统、办公软件和网页制作软件。

③ 策划并制作学院网页，定期进行改版工作。

④ 维护本院网页的正常运行，保证网页内容的更新和逐步完善，提供及时的院内信息，宣传学院工作进展。

⑤ 妥善保管各种上网软件、资料及文档，以便于定期检查、更换有故障的软件。妥善管理学院网络维护工具及其他物品。

⑥ 对网络服务器的各种设施定期检查并记录，及时发现问题并上报学院办公室。

⑦ 爱护机房设施，厉行节约，不得擅自带领无关人员开启网页服务器，注意防火防盗。

（8）新闻采写助理岗位

① 主动了解并熟悉国家、学校针对在校大学生的相关政策，注意大学生关心的热点和焦点问题。

② 熟练掌握新闻稿件的撰写方法及新闻采访的原则和程序,对新闻工作要充满热情。

③ 能使用相机、办公软件等现代新闻采访写作工具。

④ 了解和掌握学院网络新闻、校广播新闻、校报、学生处网络新闻等的投稿和用稿程序,并主动和以上单位建立密切联系。

⑤ 按学院负责老师的要求,对学院教师、学生每天发生的重要活动、学院的教学科研工作等进行新闻报道。

(9) 图书馆助理岗位

① 协助整理、分编学院资料室的图书档案资料。

② 熟练使用计算机,配合完成文字材料的录入、整理和校对工作。

③ 负责资料室内的清洁卫生,保证书架上的图书摆放整齐有序,每周至少拖地板一次,擦拭书架一次。

④ 爱护保养办公设施,厉行节约,注意防火防盗。

⑤ 负责图书的修补工作(如贴磁条、补条码、补写索书号等)及学生图书遗失后的赔款工作。

⑤ 负责做好当天归还图书的整理及送库工作。

⑥ 配合做好新书上架、整架、倒架、二线图书的下架、书库管理、新生入馆教育及服务指导等工作。

(10) 计算机机房维护岗位

① 负责学院学生机房所有计算机及相关设备的日常维护工作。

② 负责学院学生机房清洁卫生的打扫工作,保证机房地面干净,桌椅摆放整齐、桌椅面无污物,符合卫生保洁常规且达标。

③ 协助机房教师做好学生机房管理及开放的相关工作,协助教师保证相关课程的正常进行。

④ 爱护保养机房设施,厉行节约,不得擅自带领无关人员进入机房上机,注意防火防盗。

⑤ 遇有特殊情况，如因生病请假或参加集体活动外出而无法完成任务时，必须提前告知机房负责教师，说明情况，由机房教师做好安排，不得擅自委托他人进入机房做相关工作。

⑥ 学习掌握计算机、网络相关知识，研究计算机、网络的维护；具有较强的计算机操作能力，具有较高的计算机、网络知识水平；能处理计算机方面的一些简单故障和问题。

（11）科研竞赛助理岗位

① 学习刻苦认真，成绩优良，具有较强的责任心和奉献精神，对欲参加竞赛的学科非常关注并有浓厚的兴趣。

② 申请参加某一学科竞赛并被批准后，能抽出相当时间进行学科竞赛参赛知识研究，积累相关知识。

③ 积极寻求专业老师的指导，在自己准备参赛的前提下，积极发动身边对该学科竞赛有兴趣的同学一同进行研究并参赛，给别的参赛同学提供热情帮助。

④ 以自己和身边参赛同学对学习科学文化知识的拼搏精神，感染和带动其他同学努力学习，形成努力探索、钻研科学文化知识的良好氛围。

⑤ 积极寻求专业老师的指导和帮助，并在专业老师的指导下有针对性地开展学习和研究。对所研究的科研论文有了初步框架后，向院勤工助学领导小组提交开题报告。开题报告应包括论文或项目的题目、该科研项目目前的发展状况及有关研究成果、自己打算研究的方向、要达到的目标或成果、进展计划、自己的知识结构、知识积累情况、指导教师等。

⑥ 待开题报告被批准后，立即进行科研论文的撰写和研究工作，如遇到知识上的难点、论文的格式或研究的方向等问题，应积极向专业老师请教，寻求老师的指导和帮助。

⑦ 多浏览自己所研究方向的国内外期刊，学习和研究期刊上的相关内容及其论文格式，熟悉投稿用稿的程序。

第二节 生产劳动实践

一、实习实训型

实习实训是高校实践教学工作的重要组成部分，也是大学生参加劳动实践的重要方式。实习实训作为高校课堂教学的延伸，是让学生把专业知识技能从"知道"转化为"运用"，并帮助学生掌握劳动技能、提升劳动能力的重要手段。因此，高校可以依托实习实训环节组织大学生参加专业实践劳动。

（一）实习实训型劳动的教育准备

1. 劳动目标设定

实习实训型劳动目标一般是由校企双方根据实际需求来确定的。不同的劳动环境，其劳动的特点不同，因此目标也不尽相同。这就要求学校在编制实习实训型劳动目标时，一定要和岗位提供方开展广泛的论证，以确保目标的可行性。

（1）目标设定的内容和范围

① 劳动任务目标，如劳动作业数量指标、劳动作业面积指标、劳动作业时间指标、专业技能熟练度等与专业实习实训课程目标的契合度。

② 劳动教育培训目标，如实习实训型劳动教育培训次数和培训时间、特种作业人员上岗教育培训等。

③ 劳动检查目标，如劳动检查次数和评价指标等。

④ 劳动安全目标，如学生劳动内容安全系数评估和意外事故的控制指标等。

（2）目标设定的原则

① 可行性原则。所谓可行是指目标必须切合实际，要结合学生的体力基

础和专业技能基础条件，参照劳动单位历年来的生产统计资料，通过分析论证，确定可以达到的目标。

②综合性原则。制定的劳动总目标，既要保证劳动作业指标的完成，也要兼顾实习实训环节的整个组织过程，以及每个学生的实际情况。不能顾此失彼，而要统筹协调，保证劳动效果。

③可量化原则。劳动目标要尽可能做到具体、量化。这既有利于检查、评比和控制，又有利于调动学生实现目标的积极性。对于难以量化的目标，也应尽量规定具体要求。

④科学性原则。劳动目标必须配备相应的保证措施，明确实现目标的实施方案，充分体现目标管理的科学性。

2. 劳动工具认知

学生参加实习实训型劳动，必须要将对劳动工具的认知贯穿在实习实训环节的前期，要让学生熟悉专业所在行业领域的生产加工劳动现场，了解操作一线的基本劳动工具。例如，对手工劳动工具的认知，学生必须熟悉工具的属性、作用和要点等；对机械化劳动工具，学生要能熟练操作机械工具的旋转按钮及控制开关等；对自动化乃至智能化劳动工具，学生要加强操作界面、程序系统、生产管理程序等方面的知识储备，真正做到运用专业所学理论知识进行生产实践设计，完善自身知识结构，提升专业基本技能。

3. 劳动操作规范

规范实习实训型劳动操作，能够有效防范劳动过程中的操作风险。因此，建立完善的实习实训型劳动操作培训体系，对有效避免劳动操作风险很有必要。

一方面，在专业课程教学过程中要有意识地强化业务操作常识的学习。比如，将行业操作章程、技术指标文件、加工精度要求等方面的知识引进课堂，帮助学生熟悉实习实训环节的劳动操作章程。

另一方面，要加大校内实训力度，给学生提供大量的劳动操作训练机会，让学生有机会在校内实训环节中试错并积累劳动经验。同时，引导教师着力培养学生的实践能力，将劳动技能方面的考核作为专业实践课程考核的内容之一，促进学生在实训环节中树立正确的劳动观念，提升自身业务操作技能。总之，在实习实训型劳动操作中要做到按章操作、守规办理，业务技能熟练，合理运用科学知识，有效防范操作失误导致的操作风险。

（二）校内实训劳动

校内实训是劳动教育实践的重要平台。根据专业特点，校内实训要尽可能为学生提供劳动教育的实践机会。目前，掌握一项劳动技能已成为满足人们生存需求的基本手段，精进专业化劳动技能更能成为人们提升生活质量、追求美好生活的有效路径。下面以理工科、文科、艺术学三大类专业为例，分别介绍专业实训劳动实践。

1. 理工科专业实训劳动

理工科专业实训劳动贯穿于专业实训教学的全过程。它从帮助学生熟悉各类仪器设备的操作和生产加工管理流程开始，特别强调磨炼工作意志，巩固和深化所学理论知识，培养从事本专业技术、业务、管理等工作所需的基本技能，可以为学生今后参加校外生产实践、就业和成长奠定良好基础。

（1）电子信息类专业焊接技能实训

为了让电子信息类专业学生有能力从事半导体产业的相关工作，校内实训环节须开设"系统实验""电子电路 Auto CAD""电路信号与系统实验""集成电路版图设计""半导体可靠性技术"等课程，这些实训环节旨在让学生熟悉线路板制作的整个程序及工艺要求。在线路板制作过程中，手工焊接是一项典型的专业实训劳动。

随着电子技术的迅速发展，电子产品日趋复杂，贴片元器件（无引线或引线很短的元器件）向精细化发展，表面安装器件本身的体积越来越小，引脚和走线越来越密，印制电路板尺寸越来越小，对元器件焊接技术水平要求越来越高。这就需要学生反复实践，并进行大量的实验测试、严格的技能考核。只有这样，学生才能熟练掌握烙铁、焊锡、元器件引线和铜箔之间的匹配操作技巧，避免虚焊、焊料堆积、焊料过少、拉尖、桥接等焊接缺陷现象。学生在操作训练过程中，既磨炼劳动意志，也不断强化自身专业实践技能。经过专业实训劳动实践，学生能真正焊接出符合市场需求的线路板，并且从中获得成就感和劳动的快乐。

（2）机械类工程训练

机械类工程训练的课程任务是让学生了解机械制造的一般生产过程，熟悉常用零件的毛坯制造和切削加工方法、所用设备及结构、工夹量具和安全操作等方面的基本知识，了解新工艺、新技术、新设备在机械制造中的应用，培养学生初步的实践动手能力、创新意识和创新能力等工程技术人员应具备的基本素质。

课程实践涵盖铸造、焊接、车削加工、铣削加工、钳工、数控车、加工中心、特种加工、快速成型及内雕 10 个环节。其中，钳工是一项典型的专业实训劳动。

在钳工实训中，学生需要掌握简单零件的划线，独立完成锯切、锉切、钻孔、铰孔、錾切、刮削、研磨、攻螺纹及套螺纹实训操作程序，按照图纸加工螺母、螺栓，完成装配及拆卸榔头。

学生通过工程训练项目，要学会自主思考、独立操作，练就敬业和精业、自信和执着的劳动品质，逐步形成崇尚劳动、尊重劳动、热爱劳动的价值观。

2. 文科专业实训劳动

文科专业实训劳动，要求在熟练掌握常用办公软件操作的基础上，帮助学生训练文档材料整理的技能、技巧，磨炼工作意志，巩固和深化所学理论知识，培养文字处理、管理沟通、分析总结等基本技能。

以档案学专业"档案馆实务"课程实训为例，其实训环节可以作如下安排。

（1）学生通过正确分析用户档案需求、档案利用与服务的类型、查档利用的制度与程序，熟悉档案用户接待和档案咨询技巧。

（2）学生通过了解档案整理与著录的相关概念、档案整理的流程、档案著录的注意事项，逐渐掌握文书档案整理与著录技巧。

（3）学生通过整理工程基建档案、Auto CAD 图纸，逐渐掌握工程档案分卷与整理技巧。

（4）学生通过了解纸质档案数字化的目的，档案扫描设备，如打印机、复印机、扫描仪等工具的使用，图像处理软件，如 Auto CAD 等工具的使用，逐渐掌握档案扫描与图像处理技巧。

（5）学生通过了解档案检索系统操作、库房馆藏结构解析、各类档案装具操作使用、档案进馆上架流程，逐渐掌握档案检索与库房管理技巧。

（6）学生通过大量参与档案文献编研、地方档案史志编研、机构沿革大事记编写、档案展览，熟悉档案编研技巧和要点。

3. 艺术类专业实训劳动

艺术类专业实训劳动，要使学生在掌握专业技能的基础上，得到传统文化熏陶，获得对传统手工艺精神的认知和认同。

以产品设计专业"手工染织（扎染、蜡染）"实训课程为例，其实训目的与要求如下。

蜡染、扎染是相当古老的印染工艺，其中，扎染是指在织物上运用扎结成绺（或缝纫）浸染技艺印染花纹的工艺，而蜡染则是指在布匹上绘图涂蜡、染色、脱蜡、漂洗。

该实训课旨在通过蜡染、扎染实训劳动，让学生了解民间传统手工印染过程，熟悉扎染、蜡染图案的艺术风格、表现形式、工具材料、制作工艺流程等。在实训过程中，学生通过手工劳动创作图案，形成自然晕纹、洇浸、泼溅、渗透、淡入或淡出的艺术效果，并以此提高欣赏工艺美术作品的能力，激发起对祖国工艺美术的热爱。

（三）校外实训劳动

校企合作是开展校外实训劳动的重要途径。高校通过与企业、社区、工厂等开展合作，让学生走进工厂、基层、社会，参加一线生产、一线劳动，帮助他们拓展劳动知识，提升劳动技能，为今后步入社会做好职业准备。在校外实训过程中，学生能够通过劳动实践更加深刻地认识劳动的价值与意义，具备更为正确的劳动态度和劳动价值观。高校要依托校外实践教学资源，建立起稳定的合作关系，有计划、有组织地开展校外实训劳动。

1. 企业生产——一线顶岗劳动

许多企业需要大量的一线操作工人，大学生既有丰富的文化知识，又有聪明灵活的头脑，经过短期培训，一般都能胜任单一手工工种的重复操作。让大学生以普通劳动者身份参加企业生产实践，将学到的专业知识应用到具体工作中去，可以激发学生投身专业一线劳动的热情，坚定学生从事专业领域工作的信心和决心，厚植爱国主义情怀。

以晶端显示精密电子苏州有限公司校外实习劳动为例，其实训环节有如下安排。

晶端显示精密电子苏州有限公司与高校建立合作关系已超过 20 年。平均每年向高校提供近 100 个实习岗位，接收学生到公司进行专业实习劳动。公司有完备的培训体系，涉及公司级、部门级、岗位级三个岗前培训级别。学生一般进入液晶显示屏生产车间和石英晶振生产车间从事生产岗位一线工作，根据企业生产的实际情况，中途也可能进行岗位轮换。公司从安全、管理、品质、技术、制造等多方面对学生进行综合培养，让学生树立安全第一的生产观念，并跟着正式员工体验生产一线操作劳动，帮助他们加深对本专业相关知识的理解和认识。

2. 园艺类专业劳动

以苏州园林股份发展有限公司专业劳动为例，其实训环节有如下安排。

苏州园林股份发展有限公司是一家具备完整产业链的专业化园林企业，旗下拥有众多园林绿化基地，可提供拔草、修剪灌木等劳动实践岗位，一次可接纳劳动实践学生数百名。

学生进入该公司后，首先进行岗前培训，学习种植养护、园艺、美学等知识，再由拥有多年园艺管理经验的师傅传授经验，现场示范操作。

实习初期，学生通过修剪灌木等劳动，加强对高枝剪、落地剪、双剪、锯子等劳动工具的熟练使用，并积累灌木修剪常识，如明确剪枝要剪哪儿扦插成活率高、怎样用锯子最省力等，用实际行动锻炼解决问题的思维能力。

实习后期，学生应用专业知识，独立完成翻挖土地、调配土壤、培土、育种、防治病虫害、育苗移栽等园艺项目，强化专业核心业务能力、研究能力和适应能力，为后续从事园艺工作打下必要的基础。

二、专业服务型

专业服务主要是指有专业技能的服务，相对于其他劳动来说，专业服务型劳动更能发挥高校大学生群体的创造力和专业优势。专业服务将高校或社区服务与课程学习相结合，以解决真实情景中的问题为出发点，促进学生形成正确的劳动价值观，形成良好的劳动素养。高校可开展的专业服务有师生服务、小家电维修、实验设备维护保养、科普、青少年辅导教学、法律援助、义诊等。

师生服务是以在校学生为工作主体、以服务广大师生为工作宗旨、面向全体师生开放的服务。目前，大部分高校有学生事务服务中心，进一步拓展职能后，大多已升级为师生服务中心。师生服务中心致力于为全体在校师生提供高效便捷的服务，简化办事流程，同时也为在校学生提供劳动实践和专业服务的机会，让学生在实践中得到有效的锻炼，促进其成长、成才。师生服务中心有一套自我管理、自我运行、自我发展的运作体系和较为完备的规章制度。

1. 工作职能

师生服务中心以"师生至上，服务第一"为指导理念，以全心全意为广大师生服务为工作宗旨，按照"强化教育、科学管理、突出服务"的工作思路，建立一站式师生服务基地，致力于优化育人环境，方便教师发挥职能，促进学生成长、成才。

2. 组织结构和办公场所

师生服务中心下设办公室、综合事务部、就业服务部和财务部，办公场所主要在服务大厅。根据业务内容，服务大厅设有报到证办理、基本业务办理、学生证办理、中国邮政速递、挂号信受理及教师窗口等服务窗口。

3. 工作模式

师生服务中心的工作人员全部为在校学生。每学期开学前，中心根据工作人员的课表安排工作时间，以便学生得到有效锻炼的同时又不影响学业。日常工作中，加强对学生的科学管理和持续性培训，以保障工作人员的业务水平。

4. 业务内容

（1）咨询服务

针对与广大师生密切相关的事务，提供相应的咨询服务，告知具体的办事流程。

（2）手续办理

这是指经学院各职能部门授权的各类手续的办理，包括班级签到，请假条发放，考试成绩查询，学生证补办、换办及注销，海报板借用，宿舍调换，考勤表的发放与收回，学院各类通知的张贴与发放等。

（3）特约服务

如英语四、六级准考证发放、计算机考试准考证发放、EMS 文件的收发、学士服借用、毕业生就业协议书收取、报到证发放等。

（4）自助服务

师生服务大厅设有自助服务区域，师生可以自助上网及查询，还可以自助进行校园一卡通补办、充值和成绩单等证明类材料的打印。可以自助打印的证明类材料有：中英文成绩单、中英文学籍证明、均分证明、中英文学历证明、中英文学位证明等。同时，为了方便广大师生，针对一些常用的证明类材料，师生服务中心积极推动电子签章服务的上线使用，广大师生可以直接通过数字门户在线申请及打印。

三、创新创业型

一般而言，创新创业是指基于技术创新、产品创新、品牌创新、服务创新、商业模式创新、管理创新、组织创新、市场创新、渠道创新等方面的某一点或几点创新而进行的创业活动。创新是创新创业的特质，创业是创新创业的目标。它既不同于单纯的创新，也不同于传统的创业，其核心在于创业活动中是否具有创新因素。

对于大学生生产劳动实践来说，学而优则用，学而优则创。高校要顺应"大众创业、万众创新"的新势态，搭建校内创新创业平台，开设创新创业课程，组织开展创新创业实践活动，让学生们在"学中做""做中学"，努力培养学生的创新精神和创业能力。这是实现大学生劳动教育目标行之有效的重要举措。

（一）搭建校内创新创业平台

所谓创新，是指以现有的思维模式提出有别于常规或常人思路的见解，利用现有的知识和物质，在特定的环境中，本着理想化需要或为满足社会需求，改进或创造新的事物、方法、元素、路径、环境，并获得有益效果的行为。

创新精神、创业意识是当代大学生必备的个人素质。高校应积极营造创新创业的育人环境，为大学生提供进行创新创业劳动的实践条件，诸如成立新工科实践教育中心、三创学院等。

1. 新工科实践教育中心

为了贯彻国家科技兴国、人才强国战略，满足提升人才培养质量要求及响应创新创业人才培养号召，苏州大学文正学院围绕应用型本科办学定位，结合新工科人才培养理念，集全校各理工科专业之优势，成立了新工科实践教育中心。

中心以"基础引领、项目驱动、专创融合"为育人宗旨，面向全校所有理工科专业学生开放，旨在促进专业理论与实践、跨专业之间、第一第二课堂融合式发展。通过学科、重点专业建设与人才培养的紧密结合，突出动手实践，贯彻创新创业理念，强化服务育人意识，营造创新创业育人氛围，借以实现与社会资源的有效对接。努力实现"双创教学、实践训练、指导服务、成果展示、资源对接和孵化转化"为一体的校内外协同育人，推进学院与地方政府、行业组织及企事业单位间的合作与互动。

中心采取开放运行的管理模式。全校师生以学科竞赛及创新项目为依托，向中心提出申请，获批后便可入驻开展研究工作，中心向入驻项目提供必要的场地、设备、实验材料等保障，使相关项目得以顺利开展。中心长期开展的项目有全国大学生物理实验竞赛（创新）、江苏省大学生物理及创新实验作品竞赛、"恩智浦杯"全国大学生智能汽车竞赛、全国大学生光电设计竞赛等。

（1）全国大学生物理实验竞赛（创新赛）

全国大学生物理实验竞赛（创新赛）由国家实验教学示范中心联席会、全国高等学校实验物理教学研究会、中国物理学会联合主办，内容涵盖命题、自选课题及大学生物理实验讲课比赛三个类别的创新作品。

（2）江苏省大学生物理及创新实验作品竞赛

江苏省大学生物理及创新实验作品竞赛由江苏省高校大学生物理及实验创新竞赛组织委员会主办，江苏省物理学会和指定学校承办。竞赛旨在促进本省高校物理及实验教学改革，激发广大学生刻苦学习、勇于创新的精神，全面提高学生的科学素质及实践能力。

（3）"恩智浦"杯全国大学生智能汽车竞赛

"恩智浦"杯全国大学生智能汽车竞赛是以智能汽车为研究对象的创意性科技竞赛，是面向全国大学生的一种具有探索性的工程实践活动。竞赛期间，组委会将提供一个标准的汽车模型、直流电机和可充电式电池，参赛队伍要利用组委会提供的组件制作一个能够自主识别路径的智能车，以最快的速度跑完全程，使之在专门设计的跑道上自动识别行驶道路，没有冲出跑道并且技术报告评分较高的为获胜者。其设计内容涵盖控制、模式识别、传感技术、汽车电子、电气、计算机、机械、能源等多个学科领域，对于培养学生的知识融合和实践动手能力，具有良好的推动作用。

（4）全国大学生光电设计竞赛

全国大学生光电设计竞赛由中国光学学会主办，旨在促进光电知识的普及，加强大学生实践、创新能力和团队精神的锻炼与培养，促进高等教育改革。

2. 三创学院

创新精神与创业能力是新时代大学生应当具备的特质之一。苏州大学文正学院围绕学生创造力的培养，成立了三创学院。所谓"三创"，即创意、创新、创业，创意即想得到、创新即做得到、创业即卖得掉。具体而言，就是从具有创意想法开始，到把创意想法通过创新实践变成具体实物，再通过创业努力把创新实物成功推向市场。三创教育的目的，是启发学生的创意思维，培养学生的创新精神及实际应用能力，提升学生的创业热情，以此打造创造型人才培养特色，实现培养具有创新精神的高素质应用型人才的培养目标。三创活动，兼顾脑力劳动与体力劳动，劳动教育目标始终贯穿其中。

三创学院由三创教育中心、三创实践中心以及三创研究中心组成。三创教育内容分为创新教育、创意教育、创业教育；三创实践中心下设创新创意实践平台、创业项目孵化平台、创客平台；三创研究主要方向为课程建设、平台运营和产学融合。

围绕学生创造力的培养，三创学院构建了课内与课外相结合、线上与线下相结合、校内与校外相结合、专业与创业相结合、理论与实践相结合、训练与比赛相结合、案例与项目相结合、模拟与实战相结合的多元化"八结合"育人模式，实施全学程的三创实践教育。

（二）开设创新创业课程

课程是人才培养的基点和抓手，培养创新型人才，必须建设创新创业课程体系。苏州大学文正学院以启蒙创意思维、锻炼创新能力、激发创业热情为主线，与专业教育相结合，构建专创融合的三创教育课程体系。该课程体系的必修、选修课相结合，通过自主研发校本课程、引进慕课、校企合作开发课程等途径开设了各种创新创业课程。

1. 创新创业的理论与实践

本课程内容主要包括：创新创业的理论、创意的来源、创新创业的实践，旨在将创新与创业的理念融入学生的成长规划之中，为准备或正在创业的学生提供理论和实践支持，引导学生进行职业规划和自主创业。

2. 互联网双创从零开始

本课程内容主要包括：无处不在的互联网、产品方法论、需求发现与市场研究、增长黑客、谈判力与博弈论、失败的逻辑、政府与企业、银行和VC（风险投资）、路演实训等，旨在引导学生从市场需求的角度来看待双创，掌握必要的谈判原则与方法，养成基本的商业分析能力和谈判技巧。

3. 用户体验与创新思维

本课程内容主要包括：创新思维导入、谁是创新思维者、创新思维工具、如何运用创新思维、深入了解创新思维，旨在通过基本商业模型、人物模型、企业战略分析、田野调查等方法，培养学生的同理心与逻辑思维能力，结合工具做科学的设计方案，并将这套思维方式训练成习惯，更好地去解决项目的问题。

4. 专业创新实践认知

本课程内容包括四大专题：电子技术基础技能专题，主要包括常用电子仪器设备的使用，元器件的识别，电路的焊接、安装和简单调试；电子设计自动化技术专题，主要包括电路仿真、原理图和印制电路板的绘制；Arduino程序设计专题，主要包括以 Arduino 为核心控制器，完成一系列扩充功能；三维数字制造专题，主要包括计算机绘图和 3D 打印。课程旨在通过对综合系统的认知，把未来所需开设的理论课程框架纳入学生思想，激发学生的求知欲望，增加专业学生的认同感。同时，通过专业认知实践让学生尽早掌握专业相关技能，如光路调试、电子元器件识别、电路焊接、3D 打印等，为专业课程的学习及学科竞赛打下良好基础。

5. 创业实战与案例分析

本课程主要内容包括：创业的定义及如何选择创业项目、创业的前期准备与失败案例分析、当代创业家的特质和创业流程、创业计划书框架与流程、创业时可能遇到的问题和困难、建设团队与挖掘创业资源。案例分析：猪八戒网与优步、天使投资人与公司内部创业、投资是什么、投资人如何盈利、投资人将从哪些角度评判项目。案例分析：Olapic 或者 BuyVip 谈判技巧等，旨在让学生了解创始人必备特质、创业流程、创业过程中可能遇到的困难，并学习解决方法，明晰创业计划书组成要素与撰写要求，从而能真正投入创业实践。

6. 创新性物理实验设计与实践

本课程主要内容包括：创新性物理基础知识、电子技术基础、嵌入式系统基础以及 MATLAB 仿真，旨在引导低年级学生在大学物理课程学习期间进行创新实验设计，并应用专业知识与技能开发一些新的物理实验或对传统实验进行改进、升级。通过项目的实施，培养学生的创新实践能力，贯彻"知行合一、学以致用"原则，践行"基础引领、项目驱动、专创融合"创新人才培养模式。

7. 创新性机械设计与实践

本课程主要内容包括：机械创新设计的表现形式、机械创新设计的选题来源、功能原理创新设计的实践、机构创新设计的实践、结构创新设计的实践、普通创新设计技法、创造力开发、创新失误分析等，旨在培养学生的机械创新设计与实践能力。

（三）开展创新创业活动

学生创造力的培养，除了通过第一课堂课程的系统训练外，第二课堂丰富多彩的创新创业活动也不可或缺。学校可以通过讲座、培训、沙龙、论坛、科研竞赛、模拟创业等活动，培育学生的创新意识，激发学生的创业热情，在真实的活动中提升学生的创新能力。

1. 大学生创新创业竞赛

2021 年 3 月 9 日，全国高校竞赛评估与管理体系研究专家委员会会议在杭州召开。会上采取无记名投票方式，在全国普通高校大学生竞赛中新增了13 项竞赛内容。至此，纳入排行榜的全部竞赛项目已达 57 项。

（1）中国"互联网＋"大学生创新创业大赛

中国"互联网＋"大学生创新创业大赛，由教育部与相关政府部门、各高校共同主办。大赛旨在深化高等教育综合改革，激发大学生的创造力，培养造就"大众创业、万众创新"的主力军；推动赛事成果转化，促进"互联网＋"新业态形成，服务经济提质增效升级；以创新引领创业、创业带动就业，推动高校毕业生更高质量地创业、就业。

根据参赛项目所处的创业阶段及已获投资情况，大赛分为创意组、初创组和成长组。

创意组：参赛项目具有较好的创意和较为成型的产品原型或服务模式，但尚未完成工商登记注册。参赛申报人须为团队负责人，须为普通高等学校在校生（可为本专科生、研究生，不含在职生）。

初创组：参赛项目工商登记注册未满三年，且获机构或个人股权投资不超过一轮次。参赛申报人须为企业法人代表，须为普通高等学校在校生（可为本专科生、研究生，不含在职生），或毕业五年以内的毕业生。

成长组：参赛项目工商登记注册三年以上，或工商登记注册未满三年，但获机构或个人股权投资二轮次以上（含二轮次）。参赛申报人须为企业法人代表，须为普通高等学校在校生（可为本专科生、研究生，不含在职生），或毕业五年以内的毕业生。

以团队为单位报名参赛，允许跨校组建团队。每个团队的参赛成员不少于三人，须为项目的实际成员。参赛团队所报参赛创业项目，须为本团队策划或经营的项目，不可借用他人项目参赛。已获首届中国"互联网＋"大学生创新创业大赛金奖和银奖的项目，不再报名参赛。

大赛采用校级初赛、省级复赛、全国总决赛三级赛制。校级初赛由各高校负责组织，省级复赛由各省（自治区、直辖市）负责组织，全国总决赛由各省（自治区、直辖市）按照大赛组委会确定的配额择优遴选推荐项目。大赛组委会将综合考虑各省（自治区、直辖市）报名团队数、参赛高校数和创新创业教育工作情况等因素分配名额。每所高校入选全国总决赛团队总数不超过四个。

在创新性方面，突出原始创意的价值，不鼓励模仿。强调利用互联网技术、方法和思维在销售、研发、生产、物流、信息、人力、管理等方面寻求突破和创新。在团队情况方面，主要考察管理团队各成员的教育和工作背景、价值观念、擅长领域、成员的分工和业务互补情况；公司的组织构架、人员配置安排是否科学；创业顾问，主要投资人和持股情况；战略合作企业及其与本项目的关系；团队是否具有实现这种突破的具体方案和可能的资源基础。在商业模式方面，强调设计的完整性与可行性，完整地描述商业模式，评测其盈利能力推导过程的合理性。在机会识别与利用、竞争与合作、技术基础、产品或服务设计、资金及人员需求、现行法律法规限制等方面具有可行性。在调查研究方面，考察行业调查研究程度，项目市场、技术等调查工作是否形成一手资料，不鼓励文献调查，强调实地调查和实际操作检验。在带动就业前景方面，综合考察项目发展战略和规模扩张策略的合理性和可行性，预判项目可能带动社会就业的能力。

（2）"挑战杯"全国大学生课外学术科技作品竞赛

"挑战杯"是"挑战杯"全国大学生系列科技学术竞赛的简称，是由共青团中央、中国科协、教育部和全国学联、举办地人民政府共同主办的全国性的大学生课外学术实践竞赛。"挑战杯"竞赛在中国共有两个并列项目，一个是"挑战杯"中国大学生创业计划竞赛；另一个就是"挑战杯"全国大学生课外学术科技作品竞赛。这两个项目的全国竞赛交叉轮流开展，每个项目每两年举办一届。"挑战杯"系列竞赛被誉为中国大学生科技创新创业的

"奥林匹克"盛会,是目前国内大学生最关注、最热门的全国性竞赛,也是全国最具代表性、权威性、示范性、导向性的大学生竞赛。此项活动旨在全面展示我国高校育人成果,引导广大在校学生崇尚科学、追求真知、勤奋学习、迎接挑战、争做跨世纪创新人才。这项活动坚持"崇尚科学、追求真知、勤奋学习、迎接挑战"的宗旨,自 1989 年以来已分别在清华大学、浙江大学、上海交通大学、武汉大学、华南理工大学、重庆大学和西安交通大学等高校举办,已形成校级、省级、全国三级赛事。参赛同学首先参加校内及省内的作品选拔赛,优秀作品报送全国组委会参赛。

高等学校在校学生申报自然科学类学术论文、哲学社会科学类社会调查报告和学术论文、科技发明制作三类作品参赛;聘请专家评定出具有较高学术理论水平、实际应用价值和创新意义的优秀作品,给予奖励;组织学术交流和科技成果的展览、转让活动。

以省级赛事为例,初赛阶段,先做好竞赛的前期准备工作和宣传,完成组队报名工作,确定进入复赛的队伍,完成计划书初稿,各学院在 12 月底以前将初稿上交至校团委。复赛阶段,开展作品的书面评审,组织大赛的复赛培训、团队交流,做好对团队其他的相关支持工作,最后评出决赛队伍。决赛阶段,进行大赛的答辩培训,对各参赛队伍进行信息跟踪、组织决赛答辩,并进行工作总结。

评审过程中综合考虑作品的科学性、先进性、现实意义等方面因素。全国评审委员会的评审工作分预审、终审两个阶段。预审要评选出省级组织协调委员会和发起高校报送作品的 80%左右的作品进入终审。终审要将自然科学类学术论文、哲学社会科学类社会调查报告和学术论文、科技发明制作三类分别按 3%、8%、24%、65%的比例评出特、一、二、三等奖。科技发明制作 A 类和 B 类作品分别按上述比例设奖。各奖励等级之间的标准是相对的。评审注意本(专)科生、硕士研究生、博士研究生在学识水平和科研能力上的差异,三个学历层次作者的作品各等奖的获奖比例与其进入终审的比例基本一致。

"挑战杯"竞赛在中国共有两个并列项目，一个是"挑战杯"中国大学生创业计划竞赛，简称小挑；另一个则是"挑战杯"全国大学生课外学术科技作品竞赛，简称大挑。

（3）全国大学生电子设计竞赛

全国大学生电子设计竞赛是教育部、工业和信息化部共同发起的大学生学科竞赛之一，是面向大学生的群众性科技活动，目的在于推动高等学校信息与电子类学科课程体系和课程内容的改革。竞赛的特点是与高等学校相关专业的课程体系和课程内容改革密切结合，以推动其课程教学改革和实验室建设工作。

全国大学生电子设计竞赛从 1997 年开始每两年举办一届，竞赛时间定于竞赛举办年度的 9 月份，赛期四天。在双数的非竞赛年份，根据实际需要由全国竞赛组委会和有关赛区组织开展全国的专题性竞赛，同时积极鼓励各赛区和学校根据自身条件适时组织开展赛区和学校一级的大学生电子设计竞赛。

全国大学生电子设计竞赛原则上安排在单数年的 9 月中旬举行，竞赛以赛区为单位统一组织报名、评审和评奖工作。组委会鼓励设有信息与电子学科及相关专业，或已开展电子设计科技活动的高等学校，积极组织学生参加竞赛。学生自愿组合，三人一队，由所在学校统一向赛区组委会报名。参赛队数由学校自行确定。为鼓励不同类型的高校和不同专业或专业方向的学生都参加竞赛，全国竞赛专家组根据命题原则，将统一编制若干个竞赛题目，供参赛学生选用。竞赛所需场地、仪器设备、元器件或耗材原则上由参赛学校负责提供。

为保证竞赛工作的顺利进行，全国竞赛组委会在赛前将颁布全国大学生电子设计竞赛规则与赛场纪律。竞赛期间，各赛区组织巡视人员，严格执行巡视制度。参赛学生应是高等学校中具有正式学籍的全日制在校本科或专科学生；参赛学生必须按统一时间参加竞赛，按时开赛，准时交卷。各赛区组委会须按时收回学生的答卷（报告和制作实物）并及时封存，然后按规定交赛区专家组评审。竞赛期间，参赛学生可以使用各种图书资料和计算机，但不得与队外人员讨论，教师必须回避；各赛区组委会要组织巡视检查，以保证竞赛活动正常进行；在竞赛中，如发现辅导教师参与、队与队之间讨论、队员与队外人员讨论、不按规定时间发题和收卷，以及赛前泄题等违纪现象，将取消获奖名次，并通报批评。

2. 第二课堂创新创业活动

第二课堂创新创业活动旨在培养学生的创新精神，提升其创业能力，有鉴于此，苏州大学文正学院（2021 年 2 月转设为苏州城市学校）依托三创学院主要举办了三创文化节、创业实训、菁英提高班、创业竞赛及创业项目孵化等创新创业活动。

（1）三创文化节

苏州大学文正学院三创学院分别在 2019 年、2020 年秋季学期主办了两届三创文化节，每届文化节均包含不同板块，活动自 9 月持续至 12 月，以讲座、沙龙、论坛和比赛等形式，面向全院师生打造专业性强、主题鲜明的三创特色活动，以更好地营造创新创业氛围，激发学生的创业激情。

（2）创业实训

三创学院每学期联合苏州市劳动就业管理服务中心（苏州市创业指导中心）开设创业实训课程，主要面向在籍学生，以创业引导与自我认知、项目选择、创业管理知识、行业创业通识、电子商务及创业企业观摩、沙盘演练等板块为课程内容，学生以小组为单位通过理论学习和模拟实训，完成创业模拟实践。参训学生免收报名费、培训费、教材费、资料费、办证费等所有费用，实训合格后可获得相应证书。

（3）菁英提高班

菁英提高班是针对具有创新能力和创业意愿的学生开设的与行业领域相关的创新创业培训。该活动通过专家讲座、参观走访、沙龙研讨等形式开展系列主题活动，把专业学习、能力训练和创新创业实践结合起来，培养学生的创新意识，解决创业过程中的实际问题。

（4）创业竞赛

针对在园孵化的创业项目，学校不定期举办或推荐优秀项目参与各类创业竞赛。三创学院组织和推荐参加的主要有：苏州市"汇思杯"大学生创业大赛和国际教育园区大学生创新创业大赛；大学生职业生涯规划大赛创业赛道项目；"挑战杯"中国大学生创业计划竞赛和江苏省优秀大学生创业项目竞赛。

"互联网＋"大学生创新创业大赛为创业竞赛中的重点赛事，每年秋学期开始报名，春学期将针对系科推荐的重点项目开展初赛及决赛，遴选出优质项目参与省赛。同时，根据赛事进程和相关要求，将不定期举办"互联网＋"大赛训练营，分批次、分层次面向参赛师生、项目团队和相应指导老师等开展培训，内容涵盖商业计划书的撰写、路演 PPT 制作及路演技巧等内容。

（5）创业项目孵化

为支持学生创业，三创学院专门开辟了大学生创意创业园，并给予每个项目 5 000 元到 10 000 元不等的创业启动资金。每年 10 月至 12 月，三创学院将对在园创业项目进行考评，并通过宣传册或公众号对优秀项目的阶段性成果予以展现。此外，学院将面向所有学生开展创业项目征集活动，通过商业计划书初评和现场专家答辩的项目，将入驻创业园。创业园自 2011 年开园，已成功孵化了百余个创业项目，其中有多个项目荣获江苏省大学生优秀创业项目称号。

（四）创新教育中的劳动教育

1. 创新活动与劳动教育

创新活动是与专业相结合的创造性劳动。创新教育是一种以培养人的创新精神和创新能力为基本价值取向的教育，旨在培养受教育者的创新意识、创新兴趣、创新胆量和创新决心，这是一个理论与实践相结合的教育过程。新知识和新技术的创造不是向壁虚构的，而是源自艰苦的劳动。劳动创造财富，劳动创造新的思维。当然，这里的劳动并不是单一的体力劳动，它是体力劳动和脑力劳动的综合。所以，创新教育和劳动教育类似，课堂教学和实践教学是其基本途径。一方面要设置创新理论类课程，使学生系统掌握创新的基本知识、原理、方法、技能，同时也要在课堂教学中引入问题式、探究式、研究式教学，培养学生的创新意识、创新思维和创新技能；另一方面要以实践教学为依托，将创新教育融入实验教学、实习见习、毕业论文设计、学科竞赛、创新创业训练等实践活动中，驱使学生利用创新知识和创新技能开展创新试验、创新设计和创造性劳动等。实践教学是开展创新教育不可或缺的重要途径，培养学生创新意识和创新能力则是实践教学的根本目的。

学生教育是一个"劳动"和"创新"并举的精神培养过程。劳动和创新是具有内在联系的统一整体，劳动是创新的基础，创新是劳动的结果。当今时代是创新的时代，创造本身就是一种劳动，创造过程即是劳动者最大限度地发挥聪明才干的过程。培养大学生以改革创新为核心的时代精神，提高他们的创新意识和能力，不能纸上谈兵，只有在实践过程中通过动手、动脑才能实现。高校实验教学不仅要重视学生掌握基本知识、基本方法和基本技能，也要注重在实验过程中逐步增强学生主动实验的意识，不断满足他们自主实验的要求，并鼓励学生自行设计方案，自主研究探索，独立思考创新。学生在实验劳动中，不仅需要动手操作、感官观测，还要充分调动自己的思维去想象、思考、推测结论，学生会从实验劳动中发现问题、分析问题，并利用所积累的理论和实践知识解决问题。不断积累、不断探索的科学实验过程，将锻炼与培养学生坚忍不拔、积极探索、勇于创新的劳动精神。

2. 创新活动劳动教育实践

创新活动是体现复杂劳动和智力劳动的实践过程，高校创新教育在培养大学生的创新意识过程中，需要融入强化劳动习惯、劳动观念和劳动技能的劳动教育，提倡工匠精神和劳动精神，让大学生在学校的创新学习和实践中热爱劳动、崇尚劳动，增强劳动带来的成就感。创新教育和劳动教育具有内在统一性，能够实现相互融合、相辅相成。以下为创新活动劳动教育实践项目案例。

（1）机械创新设计课程教学案例

机械创新设计课程是一门以培养学生创新意识、启发创新思维和培养创新技能为目标的专业选修课，这门课程旨在为学生进一步学习有关专业课和日后从事工程技术工作及创新设计打下基础。在培养大学生创新精神的过程中，需要融入强化劳动观念、劳动习惯和劳动技能的劳动教育。

本课程的目标是：

① 使学生系统地了解创新设计的理论基础、创造性思维方法和创造原理。

② 掌握创新设计方法，并能将其方法应用于机械创新设计的实践。

③ 运用计算机虚拟仿真软件，对所设计的产品进行力学和动态行为的评估。

④ 立足应用型人才培养，对产品三维软件设计、有限元仿真、3D 打印制造模型、激光和机械加工等生产环节，以项目驱动的形式进行有针对性的训练。

⑤ 在机械创新课程中，帮助学生树立正确的劳动观念，深刻理解劳动创造价值、创造美好生活的道理，让他们懂得尊重劳动，树立劳动最伟大、最美丽的思想观念。增强创造劳动能力，具备完成机械创新设计劳动任务所需要的设计、操作能力及团队合作能力。

⑥ 机械创新设计课程以机械工程为基础、以生产生活为背景、以创新方案为主题来讲解创新设计的过程及思维方法，让学生"学有所思、思有所悟、悟有所动、动有创新"，体验从简单劳动、原始劳动向复杂劳动、创造性劳动的发展过程，学会使用工具，掌握相关技术，感受劳动创造价值，增强产品质量意识，体会平凡劳动中的伟大。

⑦ 学习机械创新设计课程，要求做到：第一，树立读书报国的思想；第二，掌握创新科学设计的方法，将机械、控制、智能、制造有机运用起来解决实际问题；第三，在充分了解现有技术的基础上大胆想象，敢于尝试，从失败中总结经验，用诚实和诚信去塑造成功。

时间安排：每周一次课。

材料、工具准备：电脑、拆装工具桌子、拆装工具、多功能讨论桌、多媒体电教一体机、多功能智能生产线。

设备及工具使用要求：

① 具备相关的机械设计与制造知识，懂得运用机械制图、工艺技术、计算机仿真软件等，根据机械原理进行绘图设计，会查阅相关设计和工程手册，看懂图纸，了解专业术语。

② 及时检查工具设备及维修保养，按操作规程正确使用工具，工具不使用时保持干净放进正确位置。

③ 穿戴整齐，着装到位，佩戴合适的护目镜、面罩、手套等，不在生产车间乱转，不随意摆弄不会使用的工具和设备。

④ 尖锐工具不放入口袋，以防扎伤自己或车辆，熟悉消防通道，不在通道上放工具、设备等。

⑤ 手、衣服、工具等远离正在旋转运动的设备，以免卷入造成伤害，注意力不集中或疲劳时及时上报，并请医生检查。

（2）智能车创新制作竞赛教学案例

智能车创新制作竞赛主要以学生的学科为背景，针对当前热点研究问题，开展一系列源于专业又高于专业的竞技类科技活动。智能车创新制作竞赛不同于传统的课堂教学，它是以培养学生的自主学习能力，强调学生的个性化培养，启发学生独立思考为目标的。智能车创新制作竞赛要求学生能够综合运用所学知识，解决设计中遇到的各类专业知识、工程及动手实践等问题，并在解决问题的过程中掌握知识。同时，通过智能车创新制作竞赛活动，帮助学生开阔专业视野，巩固专业知识，在比赛的过程中锤炼坚毅的品格和过硬的心理素质。

劳动目标：

① 综合运用多学科知识，提出、分析、设计、开发并研究智能汽车的机械结构、电子线路、运动控制和开发与调试工具等问题。

② 对智能汽车模型的控制方案进行系统设计，包括传感器信号采集处理、电机驱动、转向舵机控制及控制算法软件开发等，完成智能车参赛作品工程制作及调试。

③ 激发学生对工程技术开发和科学研究探索的兴趣和潜能，倡导理论联系实际、求真务实、团队协作。

④ 挑选优秀作品参与由教育部高等教育司举办的全国大学生智能车竞赛。

劳动内容：

全国大学生智能车竞赛是从 2006 年开始，由教育部高等教育司委托高等学校自动化类教学指导委员会举办的旨在加强学生实践、创新能力和培养团队精神的一项创意性科技竞赛，内容丰富饱满。智能车创新制作竞赛劳动技能包括硬件设计的相关知识、软件设计的相关知识、车模调试的相关知识、赛前培训及考核等。它涵盖了从控制科学到机械科学的各类知识，参赛是对所学知识的一次全面梳理和再掌握的过程，是知识的再升华过程。智能车竞赛融合了课内、课外、教学实践等必要环节，通过学生自主设计、完成参赛作品，可以有效锻炼并培养学生的创新精神、实践能力、团队协作能力、应急问题解决能力，并完成理论知识与实践应用的结合。在备赛的过程中使用"第二课堂"这种新型教学模式，可以培养学生的创新劳动精神。学生能够在教师的指导下运用所学知识分析和解决问题，科学合理地对复杂问题进行研究，包括解决方案设计、数据结果综合分析，并对研究结论进行科学论证；可以充分发挥学生的主动性、积极性、创造性；有利于全面提高学生的劳动素养，使学生树立正确的劳动观念。

该项比赛让学生们协作完成画图、刷板、采购、焊接、拼赛道、调参数等劳动。一辆智能车从分散的零件到拼装成整体，从机械结构到电路设计，从底层驱动到上层算法，会涉及模拟电路、数字电路、电力电子、自控原理、嵌入式系统开发等诸多领域，在竞赛项目实践中，学生们将综合运用所学知识，不断优化方案，并身体力行，在困难与挑战中完成行动任务。

劳动设计：

① 劳动元素

全国大学生智能汽车大赛是一个综合多个学科、多门知识的竞赛。虽然常规组每年车模硬件基本一样，但各支队伍之间成绩相差较大，决定每支队伍成绩优劣的不仅仅是程序调试水平，还涉及路径识别算法优劣、特征元素处理算法、整车调教等。这些需要大学生综合运用多门知识，要结合汽车理论的相关知识进行组装调试。在软件上，现有车模采用的单片机并不是针对数字图像处理开发的，因此需要在提高响应速度的基础上更好地优化识别赛道路径，保证整套系统的可靠性。对于参赛学生来说，这是一个探索学习的过程。每支参赛队伍由三人组成，其间学生需要面对各种困难，不断调整和优化整车性能参数，最终才能完成全方位的竞赛。

② 时间安排

9 月底，发布试题；10 月，培训；11 月，校内考核竞赛；次年 3 月，挑选优秀作品报名参加全国大学生智能车竞赛；次年 7 月，省赛；次年 8 月，国赛。

③ 材料、工具准备

收集历年作品的设计报告和元器件数据手册；设计竞赛赛道；采购耗材；准备仪器设备。

④ 劳动过程记录

智能车制作竞赛劳动过程包括掌握智能车入门、机械系统整体结构设计、转向系统知识、电子架构知识、单片机系统设计、软件框架、基础算法内容、经验交流等。

设备及工具使用要求：

① 查阅相关资料，参考单片机原理、C 语言编程、模拟电路、数字系统与逻辑分析、电子实验技术基础等课程中的内容，选择合适的电子设计自动化软件工具完成电路设计与仿真、印制电路板布局与布线等硬件设计。在使用软件的过程中遵守相关法律法规，不滥用软件。在设计过程中注重理论分

析与实验测试，不得随意设置工程参数，做好工程资料的备份与归档工作。

②制作硬件电路时，应尽量选用容易购买的元器件。按照规程使用电子焊接工具。使用经过校准的仪器设备对制作完成的硬件电路进行实验与测试，记录并分析关键参数。

③制作智能车模型时要懂得运用机械制图、工艺技术、Auto CAD等专业知识，根据机械原理进行绘图设计，会查阅相关设计和工程手册。按照操作规程正确使用工具，保管好车模的零配件。

④在对智能车进行软件开发的时候，按照需求选用集成开发环境、调试工具和仿真软件。若在开发过程中遇到软件漏洞、算法等复杂问题，应完整描述相关现象并及时进行团队讨论。

⑤完成所有设计后，撰写所设计智能汽车的设计报告。

考核评价标准：

考核时铺设随机路径的聚氯乙烯耐磨塑胶赛道，赛道中存在直线、曲线、十字交叉路口、断路、环岛和路障等交通元素。学生需要自行设计智能汽车，识别赛道路径并尽快从起点出发走到终点。依照完成时间排名，前20%的作品为优秀作品。优秀作品可以代表学校参加全国大学生智能车竞赛。

第三节　服务型劳动实践

一、志愿服务型

志愿服务是社会文明进步的重要标志，是培育和践行社会主义核心价值观的有效载体。志愿服务工作强调要大力弘扬奉献、友爱、互助、进步的志愿精神。中共中央、国务院印发的《关于全面加强新时代大中小学劳动教育的意见》明确提出，支持学生深入城乡社区、福利院和公共场所等参加志愿服务。以志愿服务活动推进劳动教育，对于培养德、智、体、美、劳全面发展的社会主义建设者和接班人具有重要意义。

（一）学生组织服务育人

1. 学生组织概述

学生组织是在教育单位内由学生组成的，接受学校党委领导、团委指导的，自我服务、自我提高、自我管理、辅助教学的组织。目前，高校学生已步入"00后"阶段，多元化和个性化的特点，为传统的学生组织注入了新鲜活力。新形势下，丰富多样的学生组织形态，在一定程度上要求高校在管理、教育、服务工作等方面转变传统的方式方法。通过学生组织发挥积极作用，让他们自我服务、自我管理、自我教育，也已成为高校劳动育人工作中的重要内容。

2. 学生组织服务育人的目的与意义

第一，能够起到高校学生管理工作"润滑剂"的作用。学生组织植根于不同的学生群体中，大部分成员是优秀学生干部，在学生中扮演着"意见领袖"的角色。他们能够及时发现学生中出现的问题，并将"民意""民情"汇总上报给学校行政管理部门，他们发挥着学生工作"晴雨表""润滑剂"的作用，是学校与学生、学生与教师、学生与学生之间相互沟通的纽带。

第二，能够作为高校学生管理工作的延伸和补充。高校管理部门在实际工作中，面对多元化、多样化的学生群体，往往无法面面俱到满足学生的所有诉求。学生组织来自学生群体，贴近学生日常生活，相较于高校行政管理部门更接地气。学生组织了解学生的所需所想，能够客观、及时地反映学生群体的诉求，能够根据学生反映的实事、要事，通过发表意见、提出建议、协商对话等方式，向高校管理部门提供建议，帮助学校精准地为学生提供各类服务和指导。因此，学生组织实际是在学校与学生之间搭起了一座沟通的桥梁。

第三，有助于推动高校行政部门转变职能。健全、完善的学生组织承接着高校的部分职能，它们在不同层面发挥着组织优势。通过它们，学校行政管理部门可以经常听到学生的呼声；当学校、教师与学生发生矛盾冲突时，它们也能多方协调，起到缓冲剂的作用。事实上，学生组织在学校、教师、学生三个环节实现了良好沟通，融洽了校园氛围，提高了学生对高校的认同感和归属感。从高校层面来看，学生组织能够减少行政部门对学生工作的"过度干预"，使得管理部门能够从一些烦琐的、重复的、机械的学生事务中解放出来，实现高屋建瓴的宏观管理，将更多的精力投入关心学生成长、成才的教育中。

第四，有助于提高各行政部门的工作效率。学生组织作为大学生思想政治教育和高校学生工作的得力助手，具有提供学生服务、上传下达、规范行为、监督议校等多重作用。它们组织参与高校的管理与服务，能够有效打破各行政部门间的工作壁垒，给各行政部门适当增压，提高其工作效率，另外，作为管理育人中"看不见的手"，学生组织可以与高校形成管理、服务的合力，成为高校行政管理的有效补充。

（二）大学生志愿服务

1. 志愿服务概述

志愿服务是指在不求回报的情况下，为促进社会进步而自愿付出个人时间与精力所作出的服务工作。奉献精神是高尚的，是志愿服务的精髓。《志愿服务条例》自 2017 年 12 月 1 日起施行。《志愿服务条例》指出，志愿服务是指志愿者、志愿服务组织和其他组织自愿、无偿向社会或者他人提供的公益服务。开展志愿服务，应当遵循自愿、无偿、平等、诚信、合法的原则，不得违背社会公德、损害社会公共利益和他人合法权益，不得危害国家安全。志愿者是指以自己的时间、知识、技能、体力等从事志愿服务的自然人。志愿服务组织是指依法成立，以开展志愿服务为宗旨的非营利性组织。

志愿服务的主要领域包括：扶贫济困、助老助残、社区服务、生态建设、公益活动、抢险救灾、社会管理、文化建设、西部开发、海外服务等。

2. 志愿者的权利与义务

（1）志愿者可以参与志愿服务组织开展的志愿服务活动，也可以自行依法开展志愿服务活动。

（2）志愿服务组织可以招募志愿者开展志愿服务活动；招募时，应当说明与志愿服务有关的真实、准确、完整的信息及在志愿服务过程中可能发生的风险。

（3）需要志愿服务的组织或者个人可以向志愿服务组织提出申请，并提供与志愿服务有关的真实、准确、完整的信息，说明在志愿服务过程中可能发生的风险。志愿服务组织应当对有关信息进行核实，并及时予以答复。

（4）志愿者、志愿服务组织、志愿服务对象可以根据需要签订协议，明确当事人的权利和义务，约定志愿服务的内容、方式、时间、地点、工作条件和安全保障措施等。

（5）志愿服务组织安排志愿者参与志愿服务活动，应当与志愿者的年龄、知识、技能和身体状况相适应，不得要求志愿者提供超出其能力的志愿服务。

（6）志愿服务组织安排志愿者参与的志愿服务活动需要专门知识、技能的，应当对志愿者开展相关培训。开展专业志愿服务活动，应当执行国家或者行业组织制定的标准和规程。法律、行政法规对开展志愿服务活动有职业资格要求的，志愿者应当依法取得相应的资格。

（7）志愿服务组织应当为志愿者参与志愿服务活动提供必要条件，解决志愿者在志愿服务过程中遇到的困难，维护志愿者的合法权益。志愿服务组织安排志愿者参与可能发生人身危险的志愿服务活动前，应当为志愿者购买相应的人身意外伤害保险。

（8）志愿服务组织开展志愿服务活动，可以使用志愿服务标志。

（9）志愿服务组织安排志愿者参与志愿服务活动，应当如实记录志愿者个人基本信息、志愿服务情况、培训情况、表彰奖励情况、评价情况等信息，按照统一的信息数据标准录入国务院民政部门指定的志愿服务信息系统，实现数据互联互通。志愿者需要志愿服务记录证明的，志愿服务组织应当依据志愿服务记录无偿、如实出具。记录志愿服务信息和出具志愿服务记录证明的办法，由国务院民政部门会同有关单位制订。

（10）志愿服务组织、志愿服务对象应当尊重志愿者的人格尊严；未经志愿者本人同意，不得公开或者泄露其有关信息。

（11）志愿服务组织、志愿者应当尊重志愿服务对象的人格尊严，不得侵害志愿服务对象的个人隐私，不得向志愿服务对象收取或者变相收取报酬。

（12）志愿者接受志愿服务组织安排参与志愿服务活动的，应当服从管理，接受必要的培训。志愿者应当按照约定提供志愿服务。志愿者因故不能按照约定提供志愿服务的，应当及时告知志愿服务组织或者志愿服务对象。

（13）任何组织和个人不得强行指派志愿者、志愿服务组织提供服务，不得以志愿服务名义进行营利性活动。

（14）任何组织和个人发现志愿服务组织有违法行为，可以向民政部门、其他有关部门或者志愿服务行业组织投诉、举报。民政部门、其他有关部门或者志愿服务行业组织接到投诉、举报，应当及时调查处理；对无权处理的，应当告知投诉人、举报人向有权处理的部门或者行业组织投诉、举报。

3. 志愿服务的劳动教育价值与内涵

志愿服务蕴含着丰富的劳动教育价值和劳动教育内涵，两者承载着重要的教育功能，在价值取向、发展方向、实践要求上具有内在统一性和高度契合性。

首先，志愿服务作为劳动实践活动的一种形式，和劳动教育一样具有价值教育的属性。其次，新中国成立以来，志愿服务活动与劳动教育的历史演变高度契合。在新民主主义社会向社会主义社会过渡时期，党和国家号召广大青年积极投身"义务劳动"等重大运动，强调通过劳动教育鼓舞民众从事劳动创造的热情和积极性，蕴含着志愿服务的精髓。在社会主义建设时期，劳动教育的政治意义被提升到前所未有的高度，劳动人民知识化、知识分子劳动化，在实践中"学雷锋、做好事"的志愿服务活动成为一股热潮。改革开放后，劳动教育的重点是为社会主义现代化建设服务，科技服务、公益劳动等服务他人的社会实践活动蓬勃开展。进入 21 世纪，党和国家日益重视唤醒个体劳动意识和公民综合素质培养，积极推进劳动价值的自主建构。这一时期，国家开始依托"西部计划"等大型志愿服务活动，正式把志愿服务活动纳入了提高公民素质的整体部署。党的十八大以来，党中央倡导"实干兴邦"的劳动实践观，客观上要求强化个体的社会责任意识、规则意识、奉献意识，这与新时代"志愿服务制度化"的发展方向高度一致。

再次，志愿服务活动和劳动教育都强调通过社会实践育人，帮助青少年在实践活动中接受锻炼，获得才干。在实践中，劳动教育形态顺应时代发展变化，与志愿服务活动高度融合，志愿服务活动作为劳动实践形态被融入劳动教育内容，纳入了劳动教育的实践体系。校园勤工助学、劳动体验等志愿服务活动常态化开展，在公共场所、基层社区开展公益劳动的社会化程度越来越高。志愿服务类型的劳动教育制度建设稳步推进，志愿服务和劳动教育的专业性特征进一步强化。志愿服务活动与劳动教育的结合，在实践中形成了整合性、开放性的劳动育人格局。

组织学生参加各种志愿服务活动能够让学生进一步了解社会、认知社会，坚定正确的政治立场，最大限度地调动自身力量，在不同岗位上发挥自身的作用和优势。这强化了学生组织在劳动教育中的载体作用，弘扬了新风气、新风尚，同时也满足了学生们自我实现的需要，使他们的人生价值在志愿服务中得到体现，精神境界得到升华。

二、社会实践型

接地气的劳动教育，可以唤醒学生对家乡文化的认知，是学校立德树人的有效抓手。通过社会实践型劳动可以帮助大学生获得成长，增强文化自信，养成勤俭、创新、奉献的精神。

（一）农耕劳动

1. 农耕文化概述

农耕文化是我国人民在长期农业劳动中形成的一种特殊文化形态，体现了农业劳动中的和谐思维和奋斗精神。我国是一个农业大国，农耕文化历史悠久、内涵丰富，它不仅是我国优秀传统文化的根基，也涵养着中华民族的精神家园。青少年是国家的栋梁之材，是祖国未来的建设者，推动农耕文化融入大学生劳动教育，需要将农耕文化融入课堂教学、校园文化、社会实践等教育教学活动的全过程，让广大学生通过教育与实践了解农耕文化。

2. 加强大学生农耕劳动的时代意义

农耕文化，这一凝聚着中华民族千年智慧与汗水的宝贵遗产，远非春播、夏种、秋收、冬藏这四个简单词汇所能概括。它如同一部厚重的历史长卷，每一页都记录着先民的辛勤耕耘与智慧创造，每一行都镌刻着中华民族艰苦奋斗、勤俭持家、重义守信等优秀品质的印记。农耕文化是中华民族宝贵的精神财富。在漫长的农耕社会中，中国人民不仅学会了如何与大自然和谐共处，更在日复一日、年复一年的劳作中，形成了一套独特的生存智慧和生活哲学。这种智慧与哲学，不仅体现在对土地、水源、气候等自然条件的深刻认识上，更体现在对家庭、社会、国家等人文关系的妥善处理上。农耕文化中的许多理念和认知，如"天人合一""道法自然"等，至今仍为我们提供了宝贵的思想资源。农耕文化也是中华民族的情感依托。对于许多中国人来说，土地不仅是生活的根基，更是情感的归宿。在农耕文化的熏陶下，人们学会了尊重自然、敬畏生命，也学会了珍惜劳动成果、感恩他人付出。这种情感依托，使得农耕文化在中华民族的心中占据了不可替代的地位。我国作为一个历史悠久的文明古国和传统的农业大国，农耕文化在中华文化的形成和发展中起到了至关重要的作用。可以说，没有农耕文化，就没有中华文化的根。千百年来，农业生产不仅为我们提供了赖以生存的物质基础，更为我们提供了丰富的精神滋养。在农耕文化的熏陶下，我们学会了勤劳、节俭、诚实、守信等优秀品质，这些品质也成为我们民族精神的重要组成部分。时至今日，虽然我们已经进入了工业化和信息化时代，但农耕文化中的许多理念和认知仍具有现实意义和应用价值。例如，农耕文化强调人与自然的和谐共处，这与我们当前倡导的绿色发展理念高度契合；农耕文化中的勤俭节约精神，也对我们当前建设节约型社会具有重要的启示作用。因此，加强大学生农耕劳动教育与实践显得尤为重要。通过参与农耕劳动，大学生可以亲身体验到农耕的艰辛与乐趣，从而更加深入地理解农耕文化的内涵和价值。同时，农耕劳动还可以培养大学生的劳动精神和实践能力，让他们在保持本民族特色、传承本国文化传统方面发挥重要作用。

（二）手作劳动

1. 手作劳动概述

手作是手和作的组合词，"手"是指手工、手艺，"作"即制作、创作。

在手工业时代，所有的人造物都是手工劳作的结果。可以说，手作的雏形从人类开始使用工具起就已经萌芽了，并且随着时代的进步而不断演变。每一件手作器物都蕴含着所属时代的信息，反映着加工方式和主要材料，让人们看到当时的生活方式和社会文化。

今天，手作已成为中国设计最热的概念之一。它不仅代表着传统技艺，更是一种文化的象征。工匠精神是手作艺人们所独有的品质，自始至终、不忘初心、追求精进、自律自谦，这种精神品质通过持之以恒的手作劳动反映出来，体现了真诚的生活态度。

2. 加强大学生手作劳动的时代意义

手作艺术是一种源自乡土、扎根于传统文化的艺术形式，正随着时代的洪流不断沉淀、变迁与创新。它如同一面镜子，既映射出民众淳朴的愿望，又记录下历史的沧桑印迹。大学生作为新时代的青年力量，他们的参与与创造，为手作艺术注入了新的活力，也为传统文化的传承与发展开辟了新的道路。手作艺术以传统文化为根基，这一根基深厚而稳固。传统文化是一个民族的精神世界的核心，它承载着民族的历史记忆和文化基因。手作艺术作为传统文化的一种表现形式，不仅仅是一种技艺的展现，更是一种文化的传承。在时代的发展中，手作艺术不断吸收新的元素，不断创新和变革，但始终保持着对传统文化的尊重和继承。这种根基的稳固性，使得手作艺术能够在时代的变迁中保持其独特的魅力。随着时代的发展，手作艺术不断沉淀、变迁和创新。这是一个动态的过程，也是一个与时俱进的过程。手作艺术不仅仅是对传统技艺的简单复制，更是在传统的基础上进行创新和发展。它吸收了现代设计的理念，融入了新的材料和工艺，使得传统的手作艺术焕发出新的光彩。这种创新和变革，使得手作艺术能够更好地适应现代社会的需求，也让它成为一种具有时代特色的艺术形式。手作艺术融合了民众的愿望，也记录了历史的印迹。每一件手作艺术品都是匠人们心血的结晶，都蕴含着他们对美好生活的向往和追求。同时，手作艺术也是历史的见证者，它记录了时代的变迁和社会的发展。通过手作艺术，我们可以感受到历史的厚重和文化的深邃。组织动员大学生参与手作劳动，对于活跃校园文化生活、挖掘传统文化资源具有重要意义。大学生是时代的先锋，他们具有敏锐的洞察力和丰富的创造力。通过参与手作劳动，大学生可以亲身感受到传统文化的魅力，也可以在实践中提升自己的创造力和动手能力。同时，大学生的参与也为手作艺术注入了新的活力和创意，使得这种艺术形式更加丰富多彩。从高校的视角来看，加强大学生手作劳动是对传统文化内涵进行深度挖掘的重要途径。高校作为文化传承和创新的重要基地，应该积极发挥其在传统文化保护和发展中的作用。通过组织大学生参与手作劳动，高校可以引导大学生深入了解传统文化的精髓和价值，培养他们的文化自觉和文化自信。同时，高校也可以借助大学生的创造力和创新精神，推动传统文化的现代化转型和创新发展。大学生手作劳动既注重"表"，也注重"里"。在展现乡土风情与生态文脉的过程中，它重视激活校园文化的内涵建设。通过手作劳动的实践，大学生可以更加深入地了解乡土文化和生态文脉，从而增强对传统文化的认同感和归属感。同时，手作劳动也可以促进校园文化的多元化发展，提高文化供给的可接受性与可选择性。

3. 艺术实践工作坊

工作坊就是利用一种轻松有趣的互动形式，让参与者在项目创造过程中相互交流、集思广益，通过集体分析提出方案或规划，并一起实施的系统化过程。1960 年，美国人劳伦斯·哈普林首先将"工作坊"的概念引入都市计划。早在 1919 年，德国包豪斯学院成立之初，"集体作坊式教学"已被运用于艺术设计教学。欧洲工业革命后，在 150 多年的发展进程中，逐步形成了以项目设计为中心的教学模式。大部分西方艺术设计专业都使用"工作坊"进行教学，为艺术—设计—生产的连锁性社会服务奠定了基础，也为艺术创作的理论转化提供了可以遵循的科学教学模式。

在我国，2018 年全国第五届大学生艺术展演活动首次增加了大学生艺术实践工作坊项目，47 个工作坊彰显了当代大学生传承民族文化、关注科技发展、关心生态环保、与时代同行的使命感和创新意识。它将艺术创新教育与文化传承相结合，提升了学生艺术实践的创新能力。展演活动期间，各校学生立足本专业，以新科技为手段，对传统产品进行升级改造，例如，天津科技大学"数媒包装艺术工作坊"以"交互式包装设计与体验"为核心，将艺术、科技融入包装之中，以生态思维的方式，实现包装再利用，改变了产品包装"拆后即扔"的浪费现象，表现了当代大学生介入实际生活，改变生活的勇气与能力。美育工作是高校全面育人的重要一环，全国第五届大学生艺术展演首次设立的大学生艺术实践工作坊，成为艺展最大亮点。

首度亮相的大学生艺术实践工作坊，分为"艺术与校园""艺术与科技""艺术与生活"三大板块，共有来自全国高校的 47 个工作坊参与展示。其中，同济大学的"创世之光 VR 艺术工作坊"将虚拟现实等新兴科技作为艺术表现手段，颠覆了传统的艺术创作和欣赏方式，给观众带来了风格迥异的奇幻世界。尤其是致敬上海美术电影制片厂经典动画片《阿凡提》的 VR 电影训练营，让观众亲身体验了一番动画电影的制作过程。

东华大学的展区被布置成了"动物伊甸园"，琳琅满目的动物装饰画和摆件，以及各种皮包、钱夹、衣服等，洋溢着青春时尚的生活气息。值得一提的是，这些作品都是利用工厂的人造皮革边角料制作而成的，经过学生们的奇思妙想和巧手加工，变废为宝，废品得到了循环利用。

（三）大学生志愿服务西部计划

1. 大学生志愿服务西部计划概述

2003 年，团中央、教育部、财政部、人力资源社会保障部根据国务院常务会议和全国高校毕业生就业工作会议精神，联合实施大学生志愿服务西部计划，招募一定数量的普通高等学校应届毕业生或在读研究生，到西部基层开展为期 1～3 年的志愿服务工作，鼓励志愿者服务期满后扎根当地就业创业。大学生志愿服务西部计划志愿者，从广义上来说，是指政府相关部门通过考试或考核的方式选派到西部地区从事教育、卫生、农技、扶贫以及青年中心建设和管理等志愿服务工作的大学毕业生。从狭义上来说，是指为促进大学生就业与加快西部大开发、促进西部地区的发展，由当地政府相关部门发布需求信息，通过一系列公开、公正、竞争、择优的考试考察程序，面向广大优秀高校毕业生组织选拔，并选派到西部地区从事志愿服务工作的大学毕业生。

2. 大学生志愿服务西部计划项目

西部计划按照服务内容分为基础教育、服务"三农"、医疗卫生、基层青年工作、基层社会管理、服务新疆、服务西藏 7 个专项。

基础教育：在县乡中小学从事教学及教学管理工作。本专项包括研究生支教团。

服务"三农"：在县乡农业（林业、牧业、水利）技术单位从事农业科技工作。

医疗卫生：在乡镇卫生院以及部分县级医院、防疫站从事医疗卫生工作。

基层青年工作：在县级团委从事加强团的基层组织建设、促进青年就业创业、预防青少年违法犯罪、维护青少年合法权益等工作。

基层社会管理：围绕西部基层社会公益、社会保障、社会福利、法律援助、扶贫开发、金融开发等公共服务需求及党政、司法、综治等工作需要开展服务。

服务新疆专项：围绕新疆和兵团经济社会发展的需要在基层单位从事基础教育、农业科技、医疗卫生等服务。

服务西藏专项：围绕西藏经济社会发展需要在基层单位从事基础教育、农业科技、医疗卫生等服务。

3. 大学生志愿服务西部计划主要服务地

西部计划主要服务地涵盖中西部 22 个省、自治区、直辖市及新疆生产建设兵团的 2 100 多个县、市、区、旗基层服务，包括河北、山西、内蒙古、吉林、黑龙江、安徽、江西、河南、湖北、湖南、广西、海南、重庆、四川、贵州、云南、西藏、陕西、甘肃、青海、宁夏、新疆和新疆生产建设兵团。

（四）三支一扶

1."三支一扶"概述

根据《关于组织开展高校毕业生到农村基层从事支教、支农、支医和扶贫工作的通知》，从 2006 年起，各地组织、人事、教育、财政、农业、卫生、扶贫、团委等部门，按照公开招募、自愿报名、组织选拔、统一派遣的方式，每年招募近万名高校毕业生，到农村基层乡镇从事支教、支农、支医和扶贫工作，简称"三支一扶"。"三支一扶"引导和鼓励高校毕业生到西部去、到基层去、到祖国最需要的地方去，经受锻炼，健康成长，为促进农村基层教育、农业、卫生、扶贫等社会事业的发展、建设社会主义新农村和构建和谐社会作出贡献。对大学生来说，"三支一扶"不仅可以缓解就业压力，而且为他们提供了一个施展才华的舞台，让他们能够通过基层工作积累经验，并在实践中锻炼坚强意志。"三支一扶"主要包括组织招募和对大学毕业生工作期间的管理服务两方面内容。组织招募有一套详细的工作流程，即每年 4 月底前，各地收集、汇总、上报乡镇一级教育、农业、卫生等基层岗位需求信息；每年 5 月底前，各地根据下达的招募计划，采取考核或考试的方式进行公开招募；每年 7 月底前，派遣"三支一扶"大学生到服务单位报到。对服务期满考核合格的大学生，颁发由人事部统一印制的《高校毕业生到农村基层服务证书》，作为服务期满后享受相关就业优惠政策的依据。"三支一扶"工作时间一般为 2 年，工作期间给予一定的生活补贴。工作期满后，自主择业，择业期间享受一定的政策优惠。部分地区服务期满考核合格可占编就业，在原岗位落实事业编，按事业单位公开招聘人员对待。

2. 大学生"三支一扶"的成效与意义

"三支一扶"拓宽了高校毕业生的就业渠道，缓解了就业压力。据统计，2024 届全国普通高校毕业生规模预计达 1 179 万，同比增加 21 万。倘若一部分大学生能够积极主动投身于"三支一扶"行动中，那么不仅可以减轻国家就业压力，也为将来更好地自主择业创造了条件。

"三支一扶"在一定程度上也解决了农村基层人才匮乏的问题，优化了农村偏远学校教师队伍和基层乡镇干部队伍。通过"三支一扶"计划选拔的优秀高校毕业生，学历层次高，专业知识丰富，年龄普遍较小。他们到农村偏远学校任教、到乡镇卫生院从医、到乡镇基层一线工作，改变了农村偏远学校教师和基层乡镇干部的年龄结构，优化了农村学校教师队伍和乡镇卫生院、基层干部队伍。同时，他们也给农村偏远学校、乡镇卫生院和乡镇基层一线带来了生机和活力。

（五）青年红色筑梦之旅

1. "青年红色筑梦之旅"概述

"青年红色筑梦之旅"是第三届中国"互联网＋"大学生创新创业大赛举办的同期实践活动。此次活动由教育部组织，西安电子科技大学承办实施。两批参赛团队分赴延安，通过大学生创新创业项目对接革命老区经济社会发展需求，助力精准扶贫脱贫。

"青年红色筑梦之旅"活动旨在推动创新创业教育与思想政治教育相融

合，创新创业实践与乡村振兴战略、精准扶贫脱贫相结合，要求各高校组织大学生创新创业团队到各自对接的县、乡、村和农户，从质量兴农、绿色兴农、科技兴农、电商兴农、教育兴农等方面开展帮扶工作，推动当地社会经济建设，助力精准扶贫和乡村振兴。

2."青年红色筑梦之旅"的时代价值

"青年红色筑梦之旅"不仅是大学生创新创业的实践课，也是形式生动的思政课。各地大学生创新创业团队走进延安、井冈山、西柏坡、古田等革命老区，缅怀革命前辈伟大而艰辛的创业史；走进安徽小岗村、黑龙江大庆、宁夏闽宁等地，感受劳动楷模不畏艰辛、敢为人先的奋斗精神，构建了高校育人的新模式。

"青年红色筑梦之旅"紧扣国家创新驱动发展、乡村振兴等战略，将高校的智力资源、社会优质资源辐射到广大乡村，深入推动创新创业教育与思想政治教育相融合，创新创业实践与乡村振兴战略、精准扶贫脱贫相融合，为乡村振兴注入了新动能，推动了当地经济社会的发展。

各地各高校以"青年红色筑梦之旅"活动为抓手，推动科教结合、产教融合、校企合作，加强了教育界与科技界、产业界、投资界的合作，将更多的优质社会资源转化为育人资源，为大学生提供实践平台、指导服务和融资支持，完善了产、学、研、用结合的新机制。

（六）"三下乡"

1."三下乡"概述

1997 年，中宣部、中央文明办、国家教委、共青团中央、全国学联联合下发了《关于开展大中学生志愿者暑期文化科技卫生"三下乡"活动的通知》。这项活动旨在组织大中学生志愿者，利用暑假深入农村和乡镇企业，发挥知识技能的优势，为农村脱贫致富和农民基本生产生活需要服务，促进广大学生在实践中全面提高自身素质。"三下乡"，即让文化、科技、卫生方面的知识在农村普及，促进农村文化、科技、卫生的发展。大力开展文化、科技、卫生"三下乡"活动，是我党全心全意为人民服务宗旨的具体体现。大学生"三下乡"社会实践是高校实践育人工作的主要手段，是加强和改进大学生思想政治教育的有效途径，对于增强大学生的社会责任感、提高大学生的综合素质都有十分重要的现实意义。

2. 大学生"三下乡"社会实践的功能

（1）促进高等教育内涵式提升与发展。通过大学生"三下乡"社会实践，高校加强了与社会的联系，有利于突破传统学院封闭式的教学模式、拓宽校内思想政治教育的渠道、深化和改进高校德育工作；通过大学生"三下乡"社会实践，高校能够了解培养目标、专业设置、教学管理是否与社会要求相适应，从而主动进行调整或变革，有利于高校端正办学方向，发挥专业培养优势，提升知名度；通过大学生"三下乡"社会实践，高校将理论应用于实践，充实了教学内容，有利于巩固和提高教学、科研、社会服务的成果。

（2）在社会经济发展中充分发挥"高校担当"。大学生"三下乡"以农村乡镇、基层企业和中小学校为服务点，开展文化、科技、卫生领域的社会实践活动，有利于发挥教育的政治功能，这表现在两个方面：一是对广大学生进行政治和意识形态教育，可以促进学生的政治社会化，使之成为社会所需要的合格公民；二是培养政治人才，以补充社会管理层的需要。同时，大学生"三下乡"社会实践也有利于全社会科学文化知识的普及和先进思想的传播，有利于推动落后地区的精神文明建设。

（3）通过实践有效提升大学生综合素质。通过开展文化、科技、卫生领域的社会实践活动，可以帮助学生深入社会，感知社会，了解我国在改革开放和现代化建设中取得的伟大成就，及时把握国情政策。学生能够从实际工作中获取直接经验，特别是与所学专业相关的技术经验，也有利于其专业文化素质的巩固和完善。

第五章 乡村振兴战略下大学生劳动教育的实践路径与保障体系

本章为乡村振兴战略下大学生劳动教育的实践路径与保障体系，包括大学生劳动教育的实践路径及新时代大学生劳动教育的保障体系这两部分内容。

第一节 大学生劳动教育的实践路径

在任何时候，我们都不能弱化劳动教育，因为这是我们党百年教育的优良传统。在新的征程上，我们应该通过劳动教育激发学生群体的劳动精神，铺好劳动理论教育的路子，让学生在劳动理论教育的路子上进行劳动实践，通过实践来评估学校和学生的教育教学成果，让他们在不断的反思和实践中推动能力的提升。

一、借助劳动理论教学推动劳动教育

学生践行劳动实践之前，要先具备足够扎实的理论基础和正确的思想观念，所以要想推进学生的劳动教育，首先就要对他们进行劳动教育理论教学。劳动教育理论教师在对学生进行劳动理论教学之前，要带领学生对照原文读透《关于全面加强新时代大中小学劳动教育的意见》《大中小学劳动教育指

导纲要（试行）》等相关文件，让学生在政治上先树立劳动纪律这个先行观念，通过对法律法规文件精神的学习，构筑起他们的劳动理论基础框架，让他们主动重视劳动教育。并通过劳模进校园等活动，用身边的劳动模范人物引导学生崇尚劳动、热爱劳动、辛勤劳动、诚实劳动。同时，在课堂上，教师不能只讲德智体美，要把劳动教育也加进来，并且让它们协同推进，从马克思主义劳动观教育理念出发，让学生明白为什么要进行劳动教育，什么是劳动教育以及怎样进行劳动教育这几个关键问题。同时，结合学生的专业特点，从一个关键点出发给学生讲述马克思主义劳动思想与我国劳动领域的内外关系，让学生明白，在新时代背景下，大学生的社会价值和社会意义，让他们养成正确的就业观念和择业观念，毕业以后能主动投入到热爱的健康卫生事业中。最后，各高校可以通过文字的形式，把本校的劳动教育相关实施细则和实施标准等公布出来，邀请高校领导或者教育主管部门给学生作出权威的解读，让学生在思想上认同这种劳动教育规范。

二、依托劳动实践基地提升劳动教育水平

劳动教育作为教育体系中的重要组成部分，不仅关乎学生个人综合素质的培养，更与乡村振兴战略紧密相连，共同构成推动社会进步的重要力量。劳动实践教育，特别是校内外的有机结合，对于培养学生的劳动技能、增强社会责任感、提升综合育人价值具有不可替代的作用。校内劳动实践教育旨在培养学生基本的日常生活劳动技能。学校通过建立劳动教育实践基地，提供多样化的劳动实践机会，使学生能够在整理收纳、家政服务、烹饪、手工等活动中掌握基本的生活技能，形成勤劳节俭、热爱生活的良好品质。同时，结合乡村振兴战略，学校可以开展与农业相关的劳动实践教育，如蔬菜水果种植等，让学生亲身体验农耕文化，了解农业发展的重要性，从而增强对乡村的认同感和归属感。志愿服务活动教育是校内劳动实践教育的有力补充。学校组织学生参与校园环境的维护，如打扫实验室、图书馆等公共场所，培养学生的劳动习惯和集体荣誉感。在乡村振兴战略的指导下，学校可以组织

学生参与到乡村环境整治、公共设施维护等志愿服务活动中，让学生在服务乡村的过程中，感受到劳动的价值和意义，增强对乡村发展的责任感和使命感。校外劳动实践教育则是学生将所学知识应用于社会、服务社会的关键环节。学校积极与社区、养老院、卫生机构等建立合作关系，为学生提供实践平台。在参与社区治理和社区建设的体力劳动中，学生不仅能够提升实践能力，还能够深入了解社区运行机制，增强公民意识和社会责任感。此外，结合乡村振兴战略，学校可以组织学生参与乡村产业发展、文化传承等实践活动，让学生在实践中了解乡村的多元价值和发展潜力，为乡村的可持续发展贡献智慧和力量。组织学生下乡实践是劳动教育的又一重要形式。如医学专业的学生可以在带队教师的带领下，为农村老百姓提供义诊服务、普及医学知识等，这既锻炼了学生的专业技能，又加深了他们对农村地区的了解。通过与农民的互动交流，学生能够更加深入地理解乡村振兴战略的意义和目标，认识到自己在推动乡村发展中的责任和使命。

三、营造社团的劳动教育氛围

教育和引导学生热爱和尊重劳动，弘扬劳动精神，不仅是学生个人成长的需要，更是推动乡村振兴、实现社会全面发展的重要一环。专业社团劳动教育作为培养学生劳动精神的重要途径，可以发挥潜移默化的作用。通过校园广播、广场横幅等传统方式，结合微信公众号、小视频等新媒体平台，广泛宣传劳动教育的重要性和意义，让劳动精神在学生群体中深入人心。为了强化专业社团对学生群体的影响，我们可以设计独特的社团旗帜和标志性服装，使学生在参与劳动教育活动时能够感受到集体的荣誉感和归属感。这种标识性的设计不仅提升了社团的凝聚力，也让劳动教育在校园内更加醒目和突出。此外，定期组织专业社团之间的竞赛活动，可以激发学生的劳动热情和创新精神。通过社团竞赛，学生可以展示自己的劳动技能和劳动成果，相互学习、相互激励，形成良好的劳动教育氛围。同时，对优秀的劳动成果进行表彰和经验推广，可以激励更多的学生参与到劳动教育中来，形成崇尚劳动、尊重劳动的校园文化。将专业社团劳动教育与乡村振兴理论相结合，可以进一步拓展劳动教育的内涵和外延。通过引导学生参与乡村产业发展、文化传承等实践活动，让学生深入了解乡村的多元价值和发展潜力，增强他们为乡村振兴贡献力量的责任感和使命感。同时，结合乡村振兴的实际需求，设计具有针对性的劳动教育活动，让学生在实践中提升劳动技能、培养劳动习惯，为未来的乡村建设和新农村发展打下坚实的基础。

四、对劳动教育成果进行全方位评估

为了激励和表彰在劳动教育中表现突出的学生，劳动教育主管部门还可以开展劳动模范达人的评选活动。通过多维度评价，如劳动技能、劳动态度、劳动成果等，评选出优秀的劳动模范达人，并在劳动教育平台上进行宣传。这不仅能够激发学生的劳动热情，还能够营造崇尚劳动、尊重劳动的良好氛围。此外，劳动教育主管部门还可以组织公开课堂，邀请劳动模范达人与学生分享自己的劳动经历和感悟。通过他们的分享，学生能够更加深入地了解劳动的价值和意义，从而激发他们的劳动热情和创造力。这种交流互动的方式还能够让学生感受到劳动精神的魅力，进一步弘扬劳动精神，让劳动精神在一次次的交流中得到升华。

第二节　大学生劳动教育的保障体系

一、师资队伍

人才培养关键在教师，教师队伍素质直接决定着大学办学能力和水平，所以要建设政治素质过硬、业务能力精湛、育人水平高超的高素质教师队伍。新时代高校加强劳动教育，需要多渠道建设一支执着于教书育人、热爱教育、有定力、带干劲闯劲钻劲的高水平劳动教育师资队伍。

（一）多措并举推进高校劳动教育师资队伍多元化

随着我国经济由高速度发展向高质量发展的转型，乡村振兴作为国家发展战略的重要组成部分，与高等教育的劳动教育紧密结合，共同推动社会的全面进步。在这一背景下，高校劳动教育不仅承载着培养未来社会主义建设者和接班人的重任，更是推动乡村振兴、实现农村现代化和农业持续发展的关键环节。乡村振兴战略强调以人民为中心的发展思想，注重农业、农村、农民的全面发展。而高校劳动教育正是通过培养学生的劳动观念和实践能力，为乡村振兴提供有力的人才支撑。在乡村振兴的实践中，高校可以组织学生参与农村社会实践、农业科技创新等活动，让学生亲身体验农村的发展和变化，增强对乡村振兴的认同感和责任感。同时，高校劳动教育师资队伍的建设也至关重要。教师需要具备丰富的实践经验和高尚的道德品质，能够引导学生深入农村、了解农民，帮助他们树立正确的劳动观念和事业观。这样的师资队伍不仅能够传授专业知识，更能通过自身的言传身教，激发学生对劳动和乡村振兴的热情。此外，高校劳动教育还需要与时俱进，不断创新。随着乡村振兴战略的深入推进，高校应该紧密结合农村实际，开设与乡村振兴相关的劳动教育课程，为学生提供更多元化的实践机会。例如，可以开展农业科技创新项目、农村文化挖掘与传承等活动，让学生在实践中深入了解乡村振兴的内涵和要求。

1. 着力培养一支劳动教育专业师资队伍

在新时代背景下，劳动教育专业化、系统化发展对于培养全面发展的人才具有举足轻重的意义。与此同时，乡村振兴作为国家战略，也迫切需要借助劳动教育的力量，推动农村地区的全面进步。因此，将劳动教育的理论体系和学科体系构建与乡村振兴理论相结合，既有助于提升劳动教育的质量和效果，也能为乡村振兴注入新的活力和动力。构建具有中国特色的劳动科学理论体系和学科体系，应紧密结合乡村振兴的实际需求。在深入研究劳动的本质、价值和意义的基础上，特别关注农村劳动的特点和价值，形成系统的农村劳动哲学理论。这有助于引导学生正确认识农村劳动，激发他们参与乡村振兴的热情和动力。加强劳动文化学的研究，深入挖掘农村劳动在传统文化中的价值。通过讲述农村劳动的故事、传承农村劳动的精神，培养学生的劳动情感和劳动习惯，使他们更加珍惜和尊重农村劳动，愿意为乡村振兴贡献自己的力量。此外，劳动经济学、劳动管理学、劳动法学等学科的建立和发展也应关注农村地区的实际情况。例如，研究农村劳动力市场的发展趋势，提出促进农村就业的有效措施；探索农村劳动管理的最佳实践，提高农村劳动效率；加强农村劳动法律法规的宣传和教育，保障农村劳动者的合法权益。在构建学科体系的同时，加强对擅长劳动教育专业的师范类人才的培养也至关重要。高校应开设与乡村振兴相关的劳动教育专业课程，将农村劳动教育的知识和技能纳入师范生的培养体系。通过实习、实践等方式，使师范生深入了解农村地区的劳动现状和需求，掌握开展农村劳动教育的有效方法。最终，形成"劳动学科建设—劳动师范人才培养—劳动教育专业师资队伍建设—乡村振兴实践"的良性循环。在这一循环中，劳动教育的理论体系和学科体系不断完善，为乡村振兴提供有力的智力支持；擅长劳动教育的师范类人才不断涌现，为乡村振兴注入新的活力；专业的劳动教育师资队伍在农村地区开展丰富多彩的劳动教育活动，推动乡村振兴的深入发展。

2. 着力打造一支劳动教育复合型师资队伍

在新时代的教育背景下，劳动教育被赋予了更为深远的意义。它不仅是一门独立的课程，更应与其他课程如专业课、思政课等有机结合，共同促进学生的全面发展。这种结合不仅有助于发挥劳动教育对其他教育的促进作用，更能让学生在多元化的学习体验中深化对劳动的理解和尊重。要实现这一目标，高校在培养劳动教育复合型教师上下功夫显得尤为重要。复合型教师不仅具备扎实的专业知识，还能将劳动教育的理念和方法融入日常教学中，使学生在接受专业知识的同时，也能感受到劳动的价值和意义。为此，高校应鼓励教师积极参加基层实践，将理论知识与生产实践紧密结合。通过亲身参与，教师能够更加深刻地理解劳动的内涵，从而将其融入教学中。同时，高校还应鼓励教师及时总结心得和经验，将劳动的元素融入各类教材的编写。教材是学生学习的重要工具，通过融入劳动的元素，可以让学生在学习中感受到劳动的力量和美感。此外，将劳动的精髓融入各类人才培养方案也是至关重要的。在制定人才培养方案时，应充分考虑劳动教育的需求，确保学生在接受专业教育的同时，也能得到劳动教育的熏陶。为了营造各类课程都讲劳动教育的浓厚氛围，高校可以采取多种措施。例如，可以组织跨学科的教学活动，鼓励不同学科的教师共同探讨如何将劳动教育融入各自的教学中。此外，还可以邀请具有丰富实践经验的劳动者走进课堂，分享他们的劳动经历和感悟，让学生更加直观地感受到劳动的价值。具体到教学实践中，教授法学课程的教师可以结合课程内容，给学生讲述如何克服困难"送法下乡"，服务村民的经历。这样不仅能让学生了解到法律知识在实际中的应用，还能培养他们的社会责任感和奉献精神。同样，教授市场营销的教师也可以给学生讲述如何深入一线调研，获得客户消费偏好资料的经历。这种将理论知识与实践相结合的教学方式，不仅能够提高学生的学习兴趣和实践能力，还能让他们在学习中深刻体会到劳动的价值和意义。

3. 着力构建一支"双师型"师资队伍

随着教育改革的深入推进和乡村振兴战略的全面实施，高校教师的角色定位也在发生深刻变化。"双师型"教师作为新时代高校教育的中坚力量，其双重角色的融合不仅适应了教育改革的需要，更与乡村振兴理论相契合，共同推动着乡村的全面振兴。"双师型"教师具备传授专业知识和指导学生实践技能的双重能力，这使得他们能够更好地培养既具备理论知识又具备实践技能的高素质人才。在乡村振兴的背景下，这种人才正是乡村发展所急需的。他们能够将所学知识运用到乡村的实际工作中，推动乡村产业的转型升级，促进乡村经济的繁荣发展。同时，"双师型"教师注重对学生的劳动实践指导，引导学生切身感悟劳动的意义和价值。这种劳动教育不仅有助于培养学生的劳动技能和劳动习惯，更能够帮助他们树立正确的劳动价值观，增强对乡村劳动的认同感和归属感。在乡村振兴的实践中，这种正确的劳动价值观将转化为推动乡村发展的强大动力。为了进一步提升"双师型"教师的实践技能，高校可以鼓励教师参加与乡村振兴相关的基层社会实践。通过挂职、进修等方式，教师能够深入了解乡村的实际需求和发展状况，将理论知识与实践相结合，提升自己的专业素养和实践能力。这种基层社会实践也将为教师提供与学生直接互动的机会，使他们能够更好地指导学生参与乡村振兴的实践活动。此外，高校还可以与乡村地区建立紧密的合作关系，共同开展劳动教育和实践教学活动。通过组织学生到乡村进行实地考察、社会实践和志愿服务等活动，让他们亲身感受乡村的变化和发展，增强对乡村振兴的责任感和使命感。这种合作模式将有助于促进城乡教育的融合发展，推动乡村教育的现代化进程。

4. 着力凝聚一支社会型劳动教育师资队伍

教育的本质在于为社会培养有用之才，这些人才不仅要具备扎实的专业知识，更要能够为社会的发展贡献自己的力量。在新时代背景下，劳动教育作为高校教育的重要组成部分，其价值和意义愈发凸显。高校应当深入挖掘劳动教育的内涵，充分利用社会资源，为学生提供更加丰富多彩的劳动教育体验。首先，高校可以积极聘请优秀社会人士，如科学家、劳动模范、大国工匠等，作为劳动教育的传道者。这些人士在自己的领域里有着丰富的实践经验和深厚的理论造诣，他们的亲身经历和感悟能够为学生带来更加真实、生动的劳动教育体验。科学家可以分享他们的科研经历和创新故事，激发学生的创新精神和探索欲望；劳动模范和大国工匠则可以讲述他们的辛勤付出和精湛技艺，让学生深刻感受到劳动的价值和意义。其次，高校还应注重劳动教育的感染力。通过邀请优秀社会人士讲述自己的故事，展示他们的匠艺和情怀，可以让劳模精神、劳动精神、工匠精神深入学生的心灵。这种感染力不仅能够增强学生的劳动意识，更能够激发他们的劳动热情和创造力。高校可以组织专题讲座、实践活动等，让学生近距离接触这些优秀人物，感受他们的精神风貌和人格魅力。此外，高校还应充分利用家长资源，强化正确的家庭劳动教育对大学生劳动习惯的影响力。家庭是学生成长的第一个课堂，家长的言传身教对学生的劳动习惯有着深远的影响。高校可以通过家长会、家访等形式，加强与家长的沟通和合作，引导家长重视劳动教育，培养学生的劳动习惯和劳动技能。同时，高校还可以开展家庭劳动教育活动，让家长和学生共同参与，增强劳动教育的实践性和互动性。

（二）以师德师风建设为根本，强化理想信念的思想引领作用

在新时代的教育背景下，教师队伍的素质对于教育改革和发展的重要性愈发凸显。特别是高校劳动教育师资队伍的建设，直接关系到劳动教育的实效性和质量。师德师风作为评价教师队伍素质的第一标准，在劳动教育中具有不可替代的作用。将师德师风建设与乡村振兴理论相结合，不仅可以提升劳动教育的效果，更能为乡村振兴注入新的活力和动力。加强劳动教育师资队伍的师德师风建设，是确保劳动教育取得实效的根本保障。在乡村振兴的实践中，高校劳动教育应该注重培养学生的实践能力和社会责任感，引导他们积极参与乡村建设和发展，而这一切都离不开教师的引导和示范。只有具备高尚师德和良好师风的教师，才能够以身作则，为学生树立榜样，引导他们树立正确的劳动观念和价值观。将师德师风建设与乡村振兴理论相结合，有助于推动乡村教育的现代化和全面振兴。高校可以组织教师深入乡村，了解乡村教育的实际需求和问题，将劳动教育的理念和方法与乡村教育的实际情况相结合，探索出适合乡村教育的劳动教育模式。同时，通过教师的示范和引领，可以带动乡村教师提升师德师风水平，推动乡村教育的整体提升。此外，高校还可以与乡村地区建立紧密的合作关系，共同开展劳动教育实践活动。通过组织学生到乡村进行劳动实践、社会调查等活动，让学生亲身感受乡村的变化和发展，增强对乡村振兴的认同感和责任感。同时，这些活动也为教师提供了宝贵的实践机会，有助于他们更好地理解乡村教育的特点和需求，提升自己的实践能力和专业素养。

（三）强化高校劳动教育师资队伍的科学规范化

劳动教育，作为内涵式教育的重要组成部分，其深远意义不仅在于培养技能，更在于塑造品格、树立正确的劳动价值观。对于大学生而言，劳动教育是他们走向社会前的重要一课，旨在引导他们形成勤奋劳动、诚实劳动、创造性劳动的良好习惯。在这个过程中，高校扮演着举足轻重的角色，而劳动教育师资队伍的建设，更是关系到劳动教育质量的关键因素。高校在加强劳动教育师资队伍建设时，切忌好高骛远，而应立足实际，结合现有平台资源，坚持目标导向。这意味着，高校需要清晰地认识到自身在劳动教育方面的优势和不足，深入剖析存在的问题及其背后的体制机制原因。只有这样，才能确保师资队伍建设的针对性和有效性。对国家宏观劳动教育形势的精准研判，是高校制订劳动教育师资队伍建设规划的前提。随着社会的快速发展，劳动教育的内涵和外延也在不断扩展，高校必须紧跟时代步伐，把握劳动教育的发展方向。同时，高校还需要精准分析自身的发展定位，明确在劳动教育领域的特色和优势，以便在师资队伍建设中做到有的放矢。在师资队伍建设过程中，遵循教师成长发展规律至关重要。教师的成长是一个长期的过程，需要不断地学习和实践。高校应该为劳动教育教师提供充足的成长空间和机会，通过培训、交流、实践等方式，帮助他们不断提升专业素养和教育教学能力。同时，高校还应该关注教师的职业发展需求，为他们制定合理的晋升机制和薪酬体系，激发他们的工作热情和创造力。创新体制机制是加强劳动教育师资队伍建设的关键所在。高校需要打破固有的编制束缚和薪酬约束，运用科学的人事管理方法，管活管好多元化的劳动教育师资队伍。这包括建立灵活多样的用人机制，吸引更多优秀人才加入劳动教育队伍；优化薪酬结构，体现劳动教育教师的劳动价值；完善评价体系，确保劳动教育工作的质量和效果。建立劳动教育师资激励机制是提升师资队伍整体素质的有效途径。高校应该制定明确的激励政策，鼓励更多教师立志成为劳动教育的专业教师，这可以通过设立专项基金、提供研究支持、举办劳动教育成果展示等方式实现。同时，高校还应该倡导将劳动教育的理念带进课堂，使更多优秀教师成长为"双师型"教师，即既具备理论教学能力又具备实践教学能力的教师。此外，高校还应该积极拓宽师资来源渠道，让更多社会精英走进校园传播劳动故事。这不仅可以丰富劳动教育的内容和形式，还可以增强学生对劳动教育的认同感和参与度。通过与企业、社区等合作，高校可以邀请具有丰富实践经验的劳动者走进校园，为学生带来生动的劳动故事和实践经验分享。

二、条件保障

（一）组织保障

　　高校劳动教育不仅承载着培养学生劳动精神、提升综合素质的重任，更肩负着为乡村振兴培养合格建设者和接班人的使命。高校要贯彻党和国家的方针，将劳动教育纳入中长期发展规划，并确立具体的发展目标和实施步骤。在制定劳动教育计划时，应充分考虑乡村振兴的需求，结合乡村产业发展、文化传承等实际情况，设计具有针对性的劳动教育内容和形式。高校应成立专门的劳动教育学科建设、管理小组，将劳动教育的建设发展置于重要位置。通过制定符合劳动教育发展的学科、科研、师资队伍建设规划，并组织重点实施，不断提升劳动教育的专业水平和教育质量。同时，要注重发挥业界、学界的优势，与乡村地区建立紧密的合作关系，共同推进劳动教育的实践与创新。此外，为劳动教育发展提供组织保障是关键。高校应建立有效的评估机制，定期对学校劳动教学的组织、实施进行评估，及时发现问题并进行改进。同时，要加强与乡村地区的沟通与合作，了解乡村振兴的实际需求，为劳动教育提供有针对性的指导和支持。通过引导学生参与乡村产业发展、文化传承等实践活动，让学生在劳动中了解乡村、热爱乡村、服务乡村。同时，高校还可以利用自身的科研和人才优势，为乡村地区提供技术支持和智力服务，推动乡村经济社会的全面发展。

（二）投入保障

提升软硬件水平是劳动教育发展的根本保障，高校应该加大对劳动教育的投入比重，努力完善劳动教育发展的投入保障措施。就目前我国高校劳动教育开展的实际情况来看，投入保障主要包括三个部分，即人、财、物的保障。首先，师资队伍的投入是劳动教育发展的核心保障。通过"走出去，请进来"的方式打造一支"双师型"的高精尖的师资队伍。一是在校内遴选具有一定劳动教育背景的教师担任劳动教育课程教师；二是加大对教师队伍教学能力的培训；三是聘请具有一定实践经验和职业素养较高的劳模、企业家、杰出校友等，建立学校劳动教育的专家库，以提高人才培养质量。其次，经费是开展劳动教育的基础保障，为此，高校应加大对劳动教育的资金投入，做到资金的合理高效使用。将劳动教育相关的活动列入每年的经费预算当中，设立专门的教学科研经费和专项经费，确保劳动教育的有效开展。同时，应积极拓宽教育资金的筹措渠道，如联合政府、行业企业、知名校友等组织，要吸引企业社会团体的捐赠，建立持续投入和经费单列的运行机制，为劳动教学设施设备的日常更新保养和维护提供保障。此外，物质保障也是劳动教育发展的重要保障，包括为学科发展提供相应的教学设施、器材、设备、场地；为教师、学生等提供充足的相关书籍资料和音像资料；为教师提供相应的短期培训及劳动教育科学研究支持等内容。

（三）时间保障

开展教育的过程就是一个学习的过程，以时间和空间为纽带，实现师生之间的教学相长。发展劳动教育，面临的首要问题就是时间问题。在过去的发展中，我们不难发现，劳动教育作为一门特色教育，很多学校对于其发展的重视远远不够，从时间保障上来看，存在课程安排总量较少，课程时间较短，时间的有效利用率不高等问题。

开展劳动特色教育，必须在有限的时间内实现课程创新发展。一方面，学校要加强对劳动教育的学科体系建设，从课程安排和课程设计上与其他专业课同向同行，规划相应课时与学分，保障每学期教师有 32 课时以上的授课时间，就每周的授课安排来说，搭建线上学习交流平台，确保教师和学生有一定的时间可以了解关注劳动教育内容。另一方面，在尽量保障课程时间的同时，将劳动教育充分纳入通识课体系的建设当中，开展劳动教育第二课堂，把通识课内容和第二课堂教育纳入教师教学工作量的统计范围中，把劳动相关课程纳入学生期末的综合考评中。此外，充分发挥学校劳动教育的顶层设计、规划、指导作用，鼓励教师利用寒暑假时间开展劳动教育的特色小学期和劳动特色实践学习，开展多样化教学，引导学生主动参与讨论和实践，创造复合时间价值，将课堂从教师单向度地传授知识转变为学生多向度地主动获取知识。

（四）空间保障

高校要贯彻落实新时代德智体美劳全面发展的教育方针，就要根据高等教育人才培养的特点，努力构建更加全面的人才培养体系。要探索更加有效的途径方式，就要实现教育空间的不断升级与拓展。

在信息化背景下，多功能、信息化教室开始出现，学生学习的场所也不再局限于课堂，教学的空间已经从教室内延伸到教室外、从实体空间延伸到虚拟空间。具体到劳动教育上，其空间保障主要包括学习办公场所保障、实践教学平台与学习基地建设、网络平台的延伸、交流空间的拓展。

首先，在校内建立劳动教育研究基地，为专题调研、历史研究、开展研讨提供保障。其次，鼓励劳动教育走出校园，大力推动学校与行业部门、企业、社会共建育人基地，为教师提供实践教学平台、实验教学中心，为学生提供实习基地、实践基地。再次，劳动教育是一门抽象化的学科教育，将教学空间延伸至网络空间，有助于教师通过情景模拟的方式吸引学生的关注，进而激发学生的学习兴趣。最后，拓宽交流空间，每年选定一批优秀教师和学生代表到国内外高校进行访学交流，为教师、学生的发展从物质空间和精神空间上提高层次和保障，实现产学研合作教育和嵌入式协同育人。

（五）技术保障

技术保障是开展劳动教育的又一个重要组成部分，旨在为促进劳动教育现代化，为教学和科研提供技术支撑。因此，做好技术保障工作对于学科发展有着极其重要的作用。当前劳动教育技术保障内容主要包括建设劳动教育师资资源库、数字化教学资源建设、网络教学环境的建设、多媒体设备管理等。

一方面，运用现代信息技术，创建区域性高校共享型劳动教育教师资源库，构筑开放式资源环境，搭建开放型、共享型公共服务平台，整合区域院校劳动教育教师资源及各种社会人才资源，为教师更新知识结构、丰富教学经验、增强业务能力提供有力支撑。另一方面，无论是数字化教学资源还是网络教学环境的建设，都需要依托成熟的网络平台，通过网络技术解决当前教育发展中面临的诸多问题，如实现教学资源共享化、实现师生在线一对一或者一对多互动、实现学生个性化学习、延伸课堂内容等。保障多媒体设备的正常运行也是技术保障的重要内容之一。

上述五个方面的条件保障基本涵盖了劳动教育发展所需要的基本保障内容。劳动教育发展的三大使命是立足于问题研究、着眼于学科发展、致力于实践服务。当前我们的劳动教育也需要适应时代发展的要求，着眼于不同学校劳动教育发展的具体情况，具体问题具体分析，为劳动教育的开展提供长效保障机制。

三、评价体系

（一）科学研判形势，细化制定目标

高校要充分把握高等教育发展规律，明确自身所处的发展阶段，深入分析开展劳动教育面临的内、外部环境，结合自身发展规划和战略目标，充分

把握机遇、直面挑战，制定切实可行的劳动教育规划，并将其纳入学校发展总体规划之中。要紧紧围绕劳动教育规划，着力分阶段多维度构建各领域的劳动教育各项目标。比如，在阶段划分上，可以以 5 年为一个总体目标，分别设定 5 年内每一年度的目标；在维度上可以从劳动教育培养目标与培养效果的达成度、劳动教育定位和人才培养目标与国家和地方经济社会发展需求的适应度、劳动教育教师与教学资源条件的保障度、劳动教育教学和质量保障体系运行的有效度、学生在劳动方面的表现与社会用人单位的满意度五个方面分别设定目标。

（二）围绕既定目标，准确设计指标

高校作为培养社会主义建设者和接班人的重要阵地，劳动教育的规划与实施至关重要。为确保劳动教育的有效推进，高校需根据已制定的劳动教育规划和各阶段各维度的具体目标，精心设定各阶段目标的考核指标。这些指标的设定不仅要有质化的明确描述，更要以量化为主，以便于后续的监测与评估。在劳动教育教师和教学资源条件保障度方面，质化指标的设定旨在反映教师队伍的壮大和教学资源的丰富。具体来说，可以表述为劳动教育教师队伍不断壮大，教学水平持续提高，教学资源日益丰富，能够满足学生多样化的学习需求。然而，仅有质化描述是不够的，还需要通过量化指标来具体衡量。例如，可以设定劳动教育专业教师人数比上一年度增加 2 人，教学资源投入比上一年度增长 10%等具体数字指标，以确保劳动教育的师资力量和教学资源得到有效保障。在学生和社会用人单位的满意度评价指标设定方面，质化指标关注的是学生和用人单位对劳动教育成果的认可程度。可以表述为学生对劳动教育的参与度和满意度逐年提高，用人单位对毕业生在劳动方面的表现满意度逐年上升。然而，这些质化描述同样需要通过量化指标来具体体现。例如，可以设定在收回的用人单位对毕业生工作中劳动表现的问卷中，用人单位满意度持续保持在 90%以上；在学生满意度调查中，对劳动教育课程满意度达到 95%等具体数字指标，以便更直观地了解学生和用人

单位对劳动教育的评价。值得注意的是，各项评价指标不是一成不变的，它们需要与学校整体发展规划相匹配，并根据实际情况进行定期更新。随着社会的不断进步和劳动教育的深入发展，高校需要不断调整和优化评价指标，以确保其始终能够准确反映劳动教育的实际成效。此外，高校还应建立健全劳动教育考核机制，将评价指标与考核结果相结合，形成有效的激励与约束机制。对于在劳动教育中表现突出的教师和学生，应给予相应的奖励和表彰；对于在劳动教育中存在的问题和不足，应及时进行整改和提升。通过不断完善考核机制，高校可以推动劳动教育工作的深入开展，为培养更多具有劳动精神、劳动技能和创新能力的优秀人才奠定坚实基础。

（三）持续跟踪评价，及时发现偏差

随着新时代教育理念的不断深化，劳动教育在高校中的地位日益凸显。为确保劳动教育的有效实施和教学质量的持续提升，高校必须将劳动教育的跟踪评价纳入教学质量评价体系。这不仅是对劳动教育本身的重视，更是对教育质量的全面把控。首先，为了确保劳动教育的跟踪评价能够顺利进行，高校需要设立专门的机构，并配备专业的教育管理人员。这些机构和人员负责对劳动教育的具体实施情况进行跟踪监测，确保每一项活动、每一堂课都能够按照既定的目标进行。他们不仅要关注教学的数量，更要注重教学的质量，确保学生在劳动教育中真正受益。然而，仅仅依靠机构和人员是不够的。在实施过程中，难免会出现一些偏离具体目标的情况。这时，就需要这些教育管理人员及时发现问题，并综合分析问题产生的原因。他们需要通过多种渠道、多种方法来收集信息，如学生反馈、教师意见、课堂观察等，从而全面地了解劳动教育的实施情况。为了更好地了解劳动教育实施过程中存在的实际困难，高校还需要不断丰富跟踪评价的方法。其中，与教师深入座谈是一个非常有效的方法。通过与教师面对面的交流，可以更加直接地了解他们在劳动教育实施过程中的困惑及他们的建议，从而为后续的教学改进提供有力的支持。同时，随着科技的发展，现代化智能手段也为劳动教育的跟踪评

价提供了新的可能。例如，通过手机 App 发放问卷，可以更加便捷地收集大学生对劳动教育实施的意见。这种方式不仅节省了时间和成本，还能够更加真实地反映学生的想法和需求。

（四）有效进行反馈，确保落实举措

在新时代的教育背景下，劳动教育已成为高校教育中不可或缺的一部分。然而，仅仅重视劳动教育的实施并不够，高校还需要深入探究劳动教育实施过程中存在的问题，以及这些问题背后的体制机制原因。只有这样，才能从根本上提出有效的解决办法，确保劳动教育的质量和效果。首先，高校应该建立健全劳动教育实时监测机制。这一机制的核心在于及时发现问题，并对问题进行深入分析。通过收集和分析各种数据和信息，如教师的教学反馈、学生的学习成果、课堂互动情况等，可以全面了解劳动教育的实施情况，发现其中存在的问题。同时，这一机制还需要具备对问题的敏感性，能够捕捉到那些可能隐藏在日常教学中的细微问题。其次，对于发现的问题，高校应该建立相应的解决机制。这一机制应该包括问题的反馈、解决方案的提出，以及解决方案的落实等多个环节。相关部门应该通过正常渠道将发现的问题及时反馈给负责劳动教育实施的责任归口部门。对于常规性问题，应该提出具体的解决方案，并督促有关部门进行落实；对于重大问题，则需要向学校的决策机构进行反馈，待明确解决方案后，积极推动其落实。此外，高校还需要将劳动教育实施问题清单和问题解决举措进行对标。这意味着，对于每一个问题，都需要有明确的解决方案和措施。这样不仅可以确保问题的及时解决，还可以避免类似问题的再次发生。同时，通过不断发现问题、解决问题的过程，高校可以不断完善劳动教育的实施方案和策略，确保劳动教育的各项目标和规划能够得以实现。

四、社会支持

劳动教育是一项全面而深远的教育形式，它不仅涉及个体层面的技能和

品质培养，更关联到家庭、学校、社会等多个层面的协同教育。劳动教育的实施，离不开受教育主体的自我劳动教育、家庭劳动教育、学校劳动教育和社会劳动教育的有机结合。这四大方面共同构成了劳动教育的四维空间，每一维度都承载着不同的教育功能和作用，相互交织，共同推进劳动教育的全面发展。自我劳动教育是劳动教育的基石。每个个体都需要在日常生活中养成热爱劳动、尊重劳动的习惯，通过自我劳动教育，不断提升自身的劳动技能和劳动素养。这种自我教育的过程，不仅有助于个体形成正确的劳动观念，还能培养个体的自律和责任感，为未来的职业发展和社会参与奠定坚实的基础。家庭劳动教育是劳动教育的重要组成部分。家庭是个体成长的摇篮，也是劳动教育的重要场所。家长应该通过日常生活中的家务分工、劳动实践等方式，引导孩子参与劳动，培养他们的劳动习惯和劳动技能。家庭劳动教育不仅有助于孩子形成正确的劳动观念，还能增进家庭成员之间的情感交流，促进家庭和谐。学校劳动教育在劳动教育中发挥着不可替代的作用。学校作为专门的教育机构，应该通过课程设置、实践活动等方式，系统地开展劳动教育。学校劳动教育不仅要注重劳动技能的培养，更要注重劳动精神、劳动态度的塑造。通过学校劳动教育，学生可以更加深入地理解劳动的意义和价值，增强社会责任感和使命感。社会劳动教育是劳动教育的拓展和延伸。社会作为一个大课堂，提供了丰富的劳动教育资源和实践机会。政府、企事业单位等社会各界都应该积极支持和参与社会劳动教育，为个体提供实践平台和展示机会。通过社会劳动教育，个体可以更加深入地了解社会、服务社会，实现自我价值和社会价值的统一。在推进劳动教育协同化、社会化的过程中，我们需要明确共同点和一致性，即加强对高校大学生的劳动教育，使他们成为合格的社会主义建设者和接班人。同时，我们也要着力协同性，充分发挥家庭、学校、政府、社会等各方面的优势，形成合力，共同推进劳动教育的发展。通过有效机制的联系与整合，可以达到最好的劳动教育效果，培养出更多具有劳动精神、劳动技能和创新能力的优秀人才。

（一）重视和实施好家庭劳动教育

家长的思想和言行对于良好劳动家风的形成及对子女的劳动意识、劳动观念、劳动行为的塑造至关重要。当前在一些大学生中出现的不想劳动、不会劳动、不珍惜劳动成果、不尊重体力劳动者的"四不"现象，究其原因，除社会影响外，在很大程度上也与家长望子成龙、轻视劳动教育和对独生子女的溺爱有很大关系。抓家庭劳动教育，首先要抓家长劳动教育。为此各级党政、教育行政和群团组织都要重视和关心家长劳动教育工作，党员干部更应该带头。要建立健全家校一体化育人机制，以提升学生家长综合素质为目标，使劳动教育体系更加完善有效。工会、共青团、妇联等群团组织要运用各自优势，协同学校开展对学生家长的劳动教育相关知识培训及家庭劳动教育的相关指导。要鼓励家庭、家长积极参与和实施家庭劳动教育，引导他们主动担起责任，学习和改进教育孩子的方法，自觉纠正各种错误思想和做法，努力使尊重劳动、热爱劳动成为"好家风""好门风"，彻底摒弃"拼爹""啃老"的不良社会风气。对实施劳动教育效果显著的家庭、家长要给予表彰。

（二）加强党对劳动教育工作的领导

党对劳动教育工作的领导，作为支持学校、协同各方开展劳动教育的根本保障，体现了党对教育事业全面领导的深刻内涵。劳动教育不仅是学校教育的重要组成部分，更是培养新时代社会主义建设者和接班人的关键环节。各级党委要提高政治站位，深刻认识劳动教育的战略意义，将其纳入培养合格的党和国家未来建设者和接班人的重要任务中。

劳动教育作为培养合格人才的重要途径，必须得到各级党委的高度重视。劳动不仅是生存和发展的基础，更是实现自我价值和社会价值的重要方式。通过劳动教育，可以培养学生的劳动习惯、劳动技能和劳动精神，使其具备勤劳、诚实、创新的品质。因此，各级党委要站在党和国家事业发展的高度，把劳动教育摆在突出位置，切实加强组织领导，确保劳动教育工作得到有效推进。党政主要负责同志要熟悉劳动教育、关心劳动教育、研究劳动教育。作为党政领导，不仅要了解劳动教育的政策法规和实践经验，还要深入研究劳动教育的理论体系和教学方法。只有这样，才能更好地指导劳动教育工作，解决劳动教育过程中遇到的困难和问题。同时，党政领导要切实为搞好劳动教育办实事、解难事，为劳动教育提供必要的物质保障和政策支持，确保劳动教育工作的顺利开展。在推动家庭、学校、社会三大劳动教育系统融合方面，需要建立健全联系和运作机制，搭建交流互动协作平台。家庭是劳动教育的第一课堂，家长要引导孩子树立正确的劳动观念，培养良好的劳动习惯。学校是劳动教育的主阵地，要通过课程设置、实践活动等多种方式，让学生亲身参与劳动，体验劳动的乐趣和价值。社会则是劳动教育的大课堂，要充分利用社会资源，为学生提供丰富的劳动实践机会。通过加强家庭、学校、社会之间的沟通与协作，形成劳动教育的合力，共同推动劳动教育工作的深入发展。在宣传劳动精神、劳模精神、工匠精神方面，要运用现代传媒手段，大力宣传这些精神的内涵和价值。通过电视、广播、报纸、网络等媒体平台，广泛传播劳动教育的先进典型和成功经验，让劳动最光荣、劳动最伟大、劳动最崇高、劳动最美丽成为全社会的共识。同时，我们还要注重在青少年中培养劳动精神，通过举办劳动技能竞赛、劳动成果展示等活动，激发青少年对劳动的热爱和尊重。此外，劳动教育立法和政策制定工作也是保障劳动教育行进在法治轨道的重要环节。我们要加强劳动教育立法工作，明确劳动教育的法律地位和作用，为劳动教育提供有力的法律保障。同时，还要制定和完善相关政策，为劳动教育提供必要的支持和保障。例如，可以出台相关政策鼓励企业和社会组织参与劳动教育，提供实践基地和教学资源；还可以加大对劳动教育的投入力度，提高劳动教育师资水平和教学质量等。在劳动就业、收入分配、职工福利、社会保障、人才培养等诸方面坚持公平原则和保障劳动者利益，也是推动劳动教育发展的重要方面。我们要建立健全公平公正的劳动就业制度，保障劳动者的合法权益；完善收入分配制度，让劳动者获得与其付出相匹配的回报；提高职工福利待遇和社会保障水平，让劳动者无后顾之忧；在人才培养方面注重实践能力和创新精神的培养，为劳动者提供更多职业发展机会和空间。最后，提升劳动者的社会地位和让全社会看到作为劳动者的自豪也是至关重要的。要通过各种途径和方式宣传劳动者的伟大和光荣，让全社会形成尊重劳动、尊重劳动者的良好氛围。同时，还要加强对劳动者的表彰和奖励，让他们的辛勤付出得到社会的认可和尊重。通过这些措施的实施，可以激发全社会对劳动的热爱和尊重，为培养新时代社会主义建设者和接班人打下坚实基础。

（三）发挥好工会等群团组织在推动实施劳动教育中的独特作用

工会是职工群众组织，它和劳动、劳动者联系最紧密，在协同实施劳动教育上有着丰富资源和独特优势。工会必须从全局高度，抓住契机，在推动全社会的劳动教育上发挥积极作用。工会要在教育领域强化劳动教育中发挥积极作用。要充分利用工会自身联系劳模、大国工匠和先进人物的优势，积极推进劳模、大国工匠和先进人物进校园，用现身说法的典型教育，弘扬劳动精神、劳模精神、工匠精神，力求对学校教职工和学生产生虹吸效应，营造良好氛围。要利用工会联系企业、社会广泛的优势，积极为学校教师、学生参加劳动生产实践打造适合的基地。要配合学校党政方面抓好教师队伍建设，实现教人者先受教。工会要在社会领域强化劳动教育中发挥积极作用。要积极推进全社会的劳动教育工作，其主要内容是：积极参与国家有关立法、修法和政策制定活动，提出有关劳动和劳动教育的建议，使劳动和劳动教育的法律依据更加坚实；利用新媒体等多种现代传播平台和手段，在全社会大力宣传劳动精神、劳模精神和工匠精神及有关先进典型事迹，积极打造先进劳动文化；敢于对社会上那种鄙视、轻视劳动和普通劳动者的错误倾向发出抵制和纠正之声，使之没有市场；教育引导职工搞好家庭劳动教育，形成爱劳动的良好家风，并以此为基础形成社区、社会热爱劳动的良好社会风气；积极创造、开拓社会公益劳动的新途径。

共青团是先进青年的群众性组织，是党的后备军。共青团具有和青年联系的天然优势，组织资源、阵地资源、活动资源丰富，教育青年既是责任更是传统。在新时代，共青团要充分利用这些优势，协同学校、家庭和有关方面，大力开展青年学生的劳动教育，要把它列入社会主义核心价值观教育的重要内容，积极开展适合青年特点的、多种形式的劳动教育；要把它列入学校教育教学的内容，积极配合学校实施好劳动教育、组织好劳动和社会实践；要主动联系学生家庭，积极协助开展好家庭劳动教育；要组织学生开展有益于社会的各种公益活动。

妇联是妇女群众组织，在联系广大妇女方面优势独特。妇女在家庭和社会中都起着"半边天"的重要作用，尤其是在家庭教育和学生教育方面更具关键作用。妇女既要参加工作、服务社会，又要承担建设家庭、教育孩子的重任，十分辛苦。各级妇联要积极主动关心女职工、帮助女职工。在劳动教育方面，要通过多种方式进行女职工家长培训，使她们提升劳动教育意识、增加劳动教育知识、掌握劳动教育方法，以形成良好劳动家风为重点，搞好对家庭成员，特别是孩子的劳动教育，夯实学校和社会劳动教育的基础。

（四）争取企事业单位的广泛参与

实施劳动教育，企事业单位扮演着举足轻重的角色，积极参与大学生劳动教育不仅是义务，更是对青年学生成长的深切关怀与负责。企事业单位，尤其是那些直接涉及生产或科研的企业和科研院所，不仅是劳动的第一现场，更是青年学生校外的最佳实践基地。企业和科研院所要充分利用自身丰富的资源和便利条件，推动产学研深度融合。产学研结合不仅有助于科研成果的转化和应用，更能让青年学生在实践中深入体验劳动的过程，了解劳动的价值。此外，创新创业的结合能够激发学生的创新精神和实践能力，使他们在劳动中发现问题、解决问题，从而培养出更多的创新型人才。实习实训和职业生涯教育的结合，是企事业单位为青年学生提供的宝贵机会。通过实习实训，学生可以将在学校学到的理论知识与实际工作相结合，提升自己的实践能力。同时，职业生涯教育能够帮助学生更好地规划自己的未来，明确自己的职业方向和目标。这种结合能够使学生在实践中不断成长，为未来的职业生涯奠定坚实的基础。企事业单位在劳动教育中，还要发挥资金优势，为劳动教育提供必要的资金支持。无论是设备的购置、场地的建设，还是师资的培训、活动的组织，都需要一定的资金投入。企事业单位的慷慨解囊，不仅能够保障劳动教育的顺利进行，还能够激发更多企事业单位参与到劳动教育的行列中来。人才是企事业单位最宝贵的财富，也是劳动教育的重要资源。企事业单位要充分利用科技人才、大国工匠、劳动模范、先进人物及老工人、老干部、老科技工作者的丰富经验和专业技能，为青年学生提供现身说法和传帮带的机会。这些前辈们通过分享自己的工作经历和心得体会，能够让学生更加深入地了解劳动的意义和价值，激发他们的劳动热情和创新精神。企事业单位的项目优势也是劳动教育的重要资源。通过参与一系列的生产、科研和工程项目，学生能够亲身感受到劳动的艰辛和乐趣，学到实用的技能和知识。这种实践性的学习不仅能够提高学生的综合素质，还能够为他们未来的职业生涯打下坚实的基础。企事业单位的文化氛围也是劳动教育中不可忽视的因素。浓厚的劳动文化氛围能够让学生在潜移默化中受到熏陶和感染，增加对劳动的热爱和对劳动人民的感情。通过进企事业单位参与科研和生产劳动，学生能够深刻感受到企事业单位对劳动的尊重和推崇，从而树立起正确的劳动价值观和人生观。

（五）营造宣传劳动伟大的舆论氛围

对青年学生的劳动教育离不开强有力的社会舆论氛围，这一观点深刻揭示了社会舆论在劳动教育中的重要作用。社会舆论如同春风化雨，无声无息地影响着学生的思想观念和行为习惯。通过营造良好的社会舆论氛围，我们可以引导学生树立正确的劳动观念，激发他们的劳动热情，培养他们的劳动习惯。作为劳动教育的一种方式，社会舆论氛围的营造具有独特的优势。与学校教育、家庭教育相比，社会舆论更加广泛、深入，能够触及大学生的日常生活和心灵深处。通过媒体的广泛传播，我们可以让劳动教育的理念深入人心，让劳动的价值和意义得到广泛认可。同时，社会舆论的多样性也为劳动教育提供了丰富的素材和形式，使得劳动教育更加生动、有趣。理论宣传工作部门在营造劳动教育社会舆论氛围方面承担着重要的使命和责任。作为党的喉舌和舆论阵地，理论宣传工作部门应当积极响应党中央的号召，根据新时代社会变化的特点和青年学生的需求，进一步加大劳动宣传的力度。要深入挖掘劳动教育的内涵和价值，通过生动鲜活的事例和感人至深的故事，展现劳动的伟大和崇高，激发大学生的劳动热情。在传播内容上，我们要以弘扬新时代的劳动精神、劳模精神和工匠精神为核心。新时代的劳动精神是勤劳、创新、协作、奉献的集中体现，是激励奋勇前进的强大动力。劳模精神是艰苦奋斗、勇于创新、甘于奉献的典范，是学习的榜样。工匠精神是精益求精、追求卓越、专注细节的体现，是追求卓越的精神支撑。通过广泛传播这些精神，我们可以培育广大青年的劳动观念、增长劳动才干、崇尚劳动英雄。在传播方式上，我们要把传统宣传手段和现代传媒紧密结合起来。传统宣传手段如报纸、广播、电视等具有覆盖面广、传播速度快的特点，可以迅速将劳动教育的理念传递给广大青少年。而现代传媒如互联网、社交媒体等则具有互动性强、传播形式新颖的特点，可以吸引更多青少年的关注和参与。我们要充分运用这些媒体的优势，以生动活泼、接地气的方式讲好劳动、劳动者、劳模和工匠故事，让劳动教育的理念深入人心。在传播体制机制上，我们要形成宣传部门、教育部门、各大宣传媒体、工会等群团组织及社会各有关方面协同配合共同参与的劳动教育社会传播机制。这一机制将确保劳动教育的宣传工作得到全面、深入的推进，使得劳动教育的理念在全社会得到广泛传播和认可。同时，通过持久化的宣传工作，可以潜移默化地影响下一代，让他们从小树立正确的劳动观念和价值观。

参考文献

[1] 安鸿章. 劳动实务——高等职业院校劳动教育读本 [M]. 北京：北京理工大学出版社，2020.

[2] 方艳丹，韦杰梅，卢民积. 劳动教育实践活动设计 [M]. 北京：电子工业出版社，2020.

[3] 李琦，鲍鹏，刘强. 劳动教育实践活动手册 [M]. 北京：电子工业出版社，2020.

[4] 教育部职业技术教育中心研究所. 劳动教育读本（高职版）[M]. 北京：高等教育出版社，2021.

[5] 任庆凤，陈静，徐春良. 劳动教育 [M]. 北京：机械工业出版社，2021.

[6] 潘维琴，王忠诚. 劳动教育与实践 [M]. 北京：机械工业出版社，2021.

[7] 徐国庆. 劳动教育 [M]. 北京：高等教育出版社，2020.

[8] 金正连. 劳动教育与素质养成 [M]. 北京：中国人民大学出版社，2020.

[9] 刘向兵. 新时代高校劳动教育论纲 [M]. 北京：社会科学文献出版社，2019.

[10] 檀传宝. 劳动创造美好生活——劳动教育课教材 [M]. 北京：中国劳动社会保障出版社，2020.

[11] 王蓉. 提升就业创业能力实现大学生劳动教育的创新思考——以茶文化的融入为例 [J]. 福建茶叶，2024，46（2）：123-125.

[12] 胡洋，徐永健. 新时代大学生劳动教育困境及破解对策 [J]. 白城师范学院学报，2024，38（1）：36-41.

[13] 刘庆玲. 新媒体时代大学生劳动教育创新路径探究 [J]. 新闻研究导刊, 2024, 15 (3): 158-160.

[14] 张寅, 董业宏. 新时代高职院校农村大学生劳动教育路径探析 [J]. 科技风, 2024 (4): 49-51.

[15] 王成, 吴鸿哲. 新时代高校劳动教育现状及优化路径研究 [J]. 中共太原市委党校学报, 2024 (1): 70-73.

[16] 王尧, 王冬华, 王玉明. 基于志愿服务的大学生劳动教育实践探索 [J]. 湖北开放职业学院学报, 2024, 37 (2): 34-35, 41.

[17] 沈镱武. 茶文化视角下加强大学生劳动教育路径 [J]. 福建茶叶, 2024, 46 (1): 97-99.

[18] 何云峰, 齐旭旺. 新时代如何在大学生中有效培育劳动精神 [J]. 教育文化论坛, 2024, 16 (1): 24-32.

[19] 王红涛, 张好徽. 劳动精神融入大学生思想政治教育的三重维度 [J]. 林区教学, 2024 (1): 10-13.

[20] 梁宏中. 劳动模范对大学生劳动教育的价值意蕴及其实现路径 [J]. 林区教学, 2024 (1): 95-98.

[21] 于蜜元. 新时代大学生劳动教育现状调查与改进策略研究 [D]. 哈尔滨: 哈尔滨师范大学, 2023.

[22] 薛锐欢. 新时代大学生劳动教育研究 [D]. 太原: 中北大学, 2023.

[23] 陈方会. 新时代加强大学生劳动教育的路径研究 [D]. 喀什: 喀什大学, 2023.

[24] 吴鹏. 新时代大学生劳动教育现状及对策研究 [D]. 兰州: 兰州交通大学, 2023.

[25] 李子莹. 新时代大学生劳动教育提升路径研究 [D]. 杭州: 浙江大学, 2022.

[26] 代承轩. 新时代加强大学生劳动教育研究 [D]. 株洲: 湖南工业大学, 2022.

［27］陈雅倩. 新时代大学生劳动教育的实现路径研究［D］. 上海：华东师
范大学，2022.

［28］李栓栓. 高校思想政治教育视域下大学生劳动精神培育研究［D］. 成
都：电子科技大学，2022.

［29］张雪颖. 新时代大学生劳动教育常态化研究［D］. 兰州：兰州大学，
2022.

［30］王彦庆. 新时代大学生劳动教育研究［D］. 哈尔滨：哈尔滨师范大学，
2021.